教师心理健康指南

《"四特"教育系列丛书》编委会　编著

吉林出版集团股份有限公司
全国百佳图书出版单位

图书在版编目(CIP)数据

教师心理健康指南/《"四特"教育系列丛书》编委会编著. —长春：吉林出版集团股份有限公司，2012.4

("四特"教育系列丛书/庄文中等主编. 教师全方位修练)

ISBN 978-7-5463-8755-0

Ⅰ.①教… Ⅱ.①四… Ⅲ.①中小学－教师－心理健康 Ⅳ.①G443

中国版本图书馆CIP数据核字（2012）第045971号

教师心理健康指南
JIAOSHI XINLI JIANKANG ZHINAN

出 版 人	吴 强
责任编辑	朱子玉 杨 帆
开 本	690mm×960mm 1/16
字 数	250千字
印 张	13
版 次	2012年4月第1版
印 次	2023年2月第3次印刷
出 版	吉林出版集团股份有限公司
发 行	吉林音像出版社有限责任公司
地 址	长春市南关区福祉大路5788号
电 话	0431-81629667
印 刷	三河市燕春印务有限公司

ISBN 978-7-5463-8755-0　　　　定价：39.80元

版权所有　侵权必究

前　言

学校教育是个人一生中所受教育最重要的组成部分,个人在学校里接受计划性的指导,系统地学习文化知识、社会规范、道德准则和价值观念。学校教育从某种意义上讲,决定着个人社会化的水平和性质,是个体社会化的重要基地。知识经济时代要求社会尊师重教,学校教育越来越受重视,在社会中起到举足轻重的作用。

"四特教育系列丛书"以"特定对象、特别对待、特殊方法、特例分析"为宗旨,立足学校教育与管理,理论结合实践,集多位教育界专家、学者以及一线校长、老师们的教育成果与经验于一体,围绕困扰学校、领导、教师、学生的教育难题,集思广益,多方借鉴,力求全面彻底解决。

本辑为"四特教育系列丛书"之《教师全方位修炼》。

教师的职业是"传道、授业、解惑",教师的职责是把教学当成自己的终生事业,用"爱"塔起教育的基石,用自己的学识及人格魅力,点燃学生的兴趣,促进学生的健康、快乐成长。

俗话说:"教师不能半桶水。"学生专业知识水平的高低,很大程度上受老师知识水平的制约,如果教师在教学中对教材分析不透,对知识重点把握不准,要点讲解不清,那么学生听过他的课就会产生一种模糊的收获不大的感觉。因此教师必须知识广博,语言丰富,学生才能学到真正的知识。本书从新世纪、新时代经济和社会发展的要求出发,从理论与实践的结合上,对新世纪教师素质及其修养的一系列问题,做了比较全面、系统、深入的阐述。应当说,这是一项十分有意义的工作。

本辑共20分册,具体内容如下:

1.《师魂》

教师被人们称为"人类灵魂的工程师",担负着传授知识、传承文明、培养人才、提高民族素质的光荣任务。教师的最高境界需要"忙人之所闲,闲人之所忙",从有到无,从无到有;从看教育是教育,到看教育不是教育,再到看教育还是教育,这就是对教育的最大贡献,让人的精神生活世界有生机、有活力、有智慧。

2.《以礼服人》

作为教师,我们要正确领会礼仪、礼貌、礼节、仪式和教师礼仪的概念,领会礼仪的地位和作用,掌握教师礼仪的原则、方法,坚持科学发展观,为构建社会主义和谐校园而奋斗。教师的一举手一投足,甚至一颦一笑,都蕴含着教育的力量。本书从教师的个人形象、教师的服饰、教师的语言、师生关系礼仪、教师与家长沟通礼仪、同事共处礼仪、集会礼仪和社会交往礼仪等方面,系统阐述了教师礼仪的一些基本常识。

3.《教师的一生修炼》

本书将重点探讨如下诸方面的理论与实务：职业规划——自我实现的教育生涯、如何设计职业生涯、职业发展规划行动、教师入职与离职规划、新教师角色适应规划、教师专业发展规划、校长成长规则、职场诊断与修炼、潜能开发以及享受学习化教育生活等。

4.《育人先做人》

教师是学生智慧的启蒙者，学生未来的引领者。教师的质量决定了教育的质量。教师的品质决定了教育的品位。教师人格的完善能够提升教育的水准。教育职业对教师人格提出了严格的要求：在教师自身的人格教育中不断提升自我，完善人格。人格教育是一生的工作，提升自我、完善人生会伴随一个人一生的历程。

5.《教育语言随心用》

本书内容涵盖了教学语言艺术和教育语言艺术训练的方方面面。从宏观综论到微观剖析，从课堂艺术到辅导艺术，从艺术对话到精彩演讲，从个性张扬到群体发展，从全体教育到特殊教育，质朴无华，内容充实，观点鲜明，为教师深入研究和准确使用教学语言和教育语言提供了可以借鉴的经验。

6.《师者无敌》

本书编写的基本理念是：从内容构架而言，以促进教师对自身职业的理解为基础，以增进教师职业人生的完善为基本目标，以启发、引导的方式来促进教师德性的自主形成；从编写形式而言，力求摆脱单一的理论说教，从当代教师职业生活实际出发，抓住主要问题，采取生动、灵活的语体形式，把精要的论述与典型的事例结合起来，注重该书的可读性。

7.《教师的信仰》

职业精神是教师不可缺失的最本质的东西。一个教师能不能成为好教师、名教师，关键是有没有职业道德，有没有职业精神。今天的教育，缺的不是楼房，而是文化与技术；缺的不是理念，而是行为与操作；缺的不是水平，而是责任和精神。教育的希望，在于教师良心的回归、精神家园的重建。只要有了良好的精神状态，我们就有战胜任何困难的勇气，就有奋然前行的动力。

8.《看透学生的心理》

学生的心理困惑从何而来？概括来说就是一"高"一"低"：高，学生是个承载社会、家长高期望值的群体，自我成才欲望非常强烈；低，其心理发展尚未成熟，缺乏社会经验，适应能力较差。正是这欲望与不能之间的矛盾造成了学生的心理问题。我们编写了本书，是期望引导老师与青少年共同克服这一难题，去打开人生的成功局面。

9.《卓越教师》

突出骨干教师的培训，既是加强中小学教师队伍建设的当务之急，又是提高教师质量的长远之计。本书在编写上提倡以培训学科带头人为目标，以现代教育思想、现代教育技术、特级教师的学术报告以及当前教改的热点问题为研究内容,源于实践又高于实践,可用做骨干教师的培训教材,也可用于普通教师的自我阅读与提高,以期使教师在不长的时间内达到或接近特级教师的水准,成为学科带头人。

10.《与学生打成一片》

如何做最受学生欢迎的老师,是每个老师都要思考的问题,也是每个老师都希望的,学校的课程很多,语文、数学、英语、科学、音乐、美术、体育等等,每门学科都有自身的特点,每个学生都有自己的喜好,我们都能真正做到让每个学生都欢迎吗?本书将教会教师们怎么样靠自己的才能和高尚的品德赢得学生的喜欢和尊重,让每一个教师都能成为受学生欢迎的教师。

11.《培养教师爱岗敬业精神》

本书从教师的角度,阐述了教师爱岗敬业所带来的深刻变化,介绍了如何爱岗敬业的途径和方法,从勇于负责、乐于服从、热情专注、自动自发、团结协作、勤奋努力、敢于创新、节俭高效等方面,结合大量教育实例和人生哲理,向广大教师提出了爱岗敬业的崇高理念和修炼方法,期盼每一个教师都能从中受益。

12.《教师职业道德与素质培养》

当前,各级教育行政部门和社会各界都非常关注师德建设,师德教育已经被列为教师继续教育的重要内容之一。本书以专题研究为主线,以典型的案例及案例分析为依托,从教师工作、生活实际出发设置情境、提出问题,突出师德教育的操作性和实效性。本书将适应新世纪对教师职业道德建设的需求,该书也适用于在校师范生以及申请教师资格者学习。

13.《教师怎样提升教学质量》

每位教师的心里都有一个美好的心愿,那就是都想使自己的教学质量得到最大程度的提高。众所周知,教学质量是一个学校的生命线,如何提高教学质量是我们每一位教师时刻都在研究、都想努力做好的一件事。要让教育不平凡,出路就在于能突破平常很容易被封闭的平庸局面。优秀的教师,会善于用智慧慢慢凿开通向教育风景的出口。

14.《教师快乐工作指导》

教师工作细致而繁琐,教师不仅要组织好各种教育教学活动,还要保证学生的身心安全。长期的忙忙碌碌、精神高度集中,教师容易产生麻木、倦怠、疲劳的职业状态。为使教师们消除职业倦怠,学会快乐地生活,愉快地工作,需要多渠道支持帮助教师们进入积极健康的工作和生活状态,从心理、物质和精神上给予帮助和支持,让教师感受到集体的关怀和温暖。

15.《教师工作减压指导》

当教师很累,这已经是所有中小学教师共同的感受。中小学教师劳动强度很大,长此以往,就很容易使教师患上疲劳综合症,导致未老先衰,甚至英年早逝的恶果,对教育的可持续发展和教师队伍的稳定十分有害。中小学教师的过劳问题应当引起政府有关部门的高度重视，以人为本的科学发展观要落到实处，不要仅仅停留在口头上。作为教师个人，我们不要只等待有关部门的措施，必须想方设法给自己"减压"，以防被疲劳综合症缠身。

16.《教师文娱活动指南》

与家人、朋友一起开开心心消费课外时间与星期天，使身心从工作中彻底解脱出来，得到完整的休整，全面地恢复。要知道工作是永远干不完的，是没有最好的。我们需要多看到一些明天的太阳，让照亮别人的蜡烛燃烧得时间更久、更久……

17.《教师心理健康指南》

随着竞争愈来愈激烈，教师的工作节奏日趋紧张，精神上容易产生巨大压力，精神上和身体上的超负荷状态对健康是非常不利的。如果不注意休息和调节，中枢神经系统持续处于紧张状态，会引起心理过急反应，久而久之可导致交感神经兴奋增强，内分泌功能紊乱，产生各种身心疾病。本书力图从教师职业发展的实际需求出发，注重必要的理论引领与生动的案例分析相结合，突出专业性、应用性、操作性、可读性，可为广大中小学教师培训、自学提供借鉴，也可为高校相关专业的学生的学习、研究提供参考。

18.《教师怎样进行教学改革创新》

立足素质教育的学理，探析课堂教学的变革，反思课堂教学实践，重新审视素质教育理论，正是在实践和理论的互动中探讨我国教育的现实与未来。

19.《从历代名著中学习教育思想》

撷取世界知名教育家在世界教育史上具有重大影响和学习价值的教育名著进行选读。每位教育家及其著作均有作者简介、成书背景、内容精要、名著选读等内容。本书结合这些教育名家的成长经历，阐述了不同名著的理论内容和实践特色，批判继承了中外历史上进步的教育思想，对于提高读者的教育理论素养，提升教育工作者的教学水平和创新能力具有一定的借鉴意义。

20.《向教育名家学习教育智慧》

着重介绍当代教育家的教育思想。中国是一个教育大国，理应对全人类的教育作出自己的贡献。在两千多年的历史文明进程中，中国也确实不断为世界教育的进步贡献自己的教育思想、教育制度和教育智慧。新中国成立以来，尤其是改革开放以来，中国教育发生了深刻变化，取得巨大成就，同时，也不断涌现出新的教育思想、新的改革成就和新时代的教育家。我国一大批教育专家学者上下求索、大胆实践，为教育发展出谋划策，为教育改革殚精竭虑。他们的学术思想和教育实践直接推动了我国的教育改革与发展，并将对今后的教育实践与研究继续产生深刻影响。

由于时间、经验的关系，本书在编写等方面，必定存在不足和错误之处，衷心希望各界读者、一线教师及教育界人士批评指正。

编者

目　录

第一章　教师的心理健康概述 (1)

1. 教师心理健康的重要意义 (2)
2. 教师心理健康的标准 (3)
3. 教师不良心理的主要表现 (5)
4. 教师心理问题的一般症状 (6)
5. 影响教师心理健康的因素 (7)
6. 教师心理健康的自我维护 (8)
7. 教师进行心理保健的方法 (16)
8. 教师心理优化的意义 (17)
9. 教师认知自我的重要作用 (18)
10. 情感发展对心理健康的影响 (20)
11. 教师进行意志训练的方法 (22)
12. 教师优良个性的自我培养 (23)
13. 教师产生职业倦怠的原因 (24)
14. 教师职业倦怠的危害 (27)
15. 教师职业倦怠的防治 (28)
16. 教师心理健康问题的对策 (29)

第二章　教师的心理压力缓解 …………………（31）
　　1. 教师面临哪些心理压力 ………………………（32）
　　2. 如何从职业压力中找到自我平衡 ……………（34）
　　3. 在工作中缓解压力的措施 ……………………（35）
　　4. 工作过度会损害健康 …………………………（36）
　　5. 在工作中缓解疲劳的科学方法 ………………（38）
　　6. 在生活中减轻压力的应对策略 ………………（39）
　　7. 用理性的思维应对压力 ………………………（44）
　　8. 以宽宏大量缓解心理压力 ……………………（45）
　　9. 压力的来源及减缓对策 ………………………（47）
　　10. 从压力中获得精神超越 ………………………（48）
　　11. 用微笑面对压力 ………………………………（51）
　　12. 如何提高"裁员免疫力" ………………………（52）
　　13. 怎样通过合群减轻压力 ………………………（53）

第三章　教师的和谐心理调适 …………………（55）
　　1. 适应本职工作的心理调整 ……………………（56）
　　2. 在工作中如何获得他人的尊重 ………………（57）
　　3. 与人为乐,共图发展 …………………………（58）
　　4. 以感激之心待人 ………………………………（59）
　　5. 善于自我控制和调整 …………………………（59）
　　6. 切勿好高骛远 …………………………………（60）
　　7. 完成工作应具备哪些良好心态 ………………（62）
　　8. 在工作中控制情绪的技巧 ……………………（63）
　　9. 三个步骤摆脱烦恼 ……………………………（64）
　　10. 借助工作排遣忧虑 ……………………………（65）

11. 减轻焦虑情绪的方法 ……………………………… (66)
12. 巧妙处理工作中的尴尬场面 ……………………… (67)
13. 嫉妒是工作的大敌 ………………………………… (68)
14. 正确对待异己观点 ………………………………… (70)
15. 减少别人误解的方法 ……………………………… (71)
16. 要有"难得糊涂"的工作真经 …………………… (73)
17. 对待领导批评的正确心态 ………………………… (75)
18. 对待学校竞争的健康心理 ………………………… (77)

第四章 教师的情感心理呵护 …………………… (79)

1. 情志致病有哪些症状 ……………………………… (80)
2. 教师的健康情志如何调理 ………………………… (82)
3. 教师的家庭心理怎样保健 ………………………… (84)
4. 教师夫妻感情的调节方法 ………………………… (85)
5. 夫妻感情的和谐艺术 ……………………………… (88)
6. 夫妻要创造情感的空间 …………………………… (90)
7. 夫妻要创造家庭的和谐气氛 ……………………… (91)
8. 夫妻心理相容的方法有哪些 ……………………… (93)
9. 教师夫妻怎样相互调和矛盾 ……………………… (94)
10. 教师夫妻要建立理解和信任 ……………………… (95)
11. 现代教师怎样走出婚姻危机 ……………………… (96)
12. 青年教师调节心志的方法 ………………………… (98)
13. 中年教师的心理特点是什么 ……………………… (99)
14. 更年期教师的心理表现特征 ……………………… (100)
15. 离婚女教师如何摆脱孤独心理 …………………… (102)

第五章 教师的行为心理自控 (103)

1. 教师的工作纪律自控 (104)
2. 教师的说话艺术培养 (105)
3. 按照对方性格考虑说话方法 (106)
4. 跳出人际是非圈 (107)
5. 勇敢亮出自己的思想、见解和方法 (109)
6. 把梦想化为成功的动力 (110)
7. 把祈祷变成实际行动 (111)
8. 怎样做出正确的抉择 (112)
9. 学会确定奋斗的目标 (114)
10. 要有从头开始、永不放弃的精神 (114)
11. 集中精力做好能够控制的事情 (115)
12. 勇敢直面困难和挫折 (118)
13. 有胆有识才能成功 (119)
14. 要学会为自己鼓掌 (120)
15. 做一个永恒的攀登者 (121)
16. 培养执著的追求精神 (122)
17. 开拓并展示自己的才华 (123)

第六章 教师的病态心理预防 (125)

1. 怎样摆脱自卑情绪 (126)
2. 如何控制自大心理 (126)
3. 逆反心理的控制方法 (128)
4. 浮躁情绪的控制措施 (130)
5. 压抑的心理如何发泄 (132)
6. 情绪低落怎么办 (135)

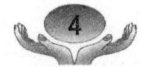

7. 抑郁症有哪些症状 …………………………………… (137)
8. 怎样消除抑郁症 ……………………………………… (139)
9. 受挫时的自我心理调节 ……………………………… (140)
10. 不合群性格的弊端 …………………………………… (143)
11. 改变不合群性格的方法 ……………………………… (144)
12. 如何控制自己的急躁情绪 …………………………… (146)
13. 懊丧情绪自控的一般方法 …………………………… (146)
14. 如何做到失意不失志 ………………………………… (148)
15. 祛除悲观情绪的影响 ………………………………… (149)
16. 正确对待挫折 ………………………………………… (151)
17. 克服羞怯的心理 ……………………………………… (153)
18. 驱除虚荣的心理 ……………………………………… (154)
19. 自私心理的自我排除方法 …………………………… (155)
20. 贪婪心理的控制方法 ………………………………… (157)
21. 不要过于吝啬 ………………………………………… (159)
22. 敌对情绪的消除方法 ………………………………… (161)
23. 预防自杀心理的措施 ………………………………… (163)

第七章 教师的心理疾病治疗 ……………………………… (165)

1. 怎样治疗青年教师的挫折心理 ……………………… (166)
2. 如何治疗青年教师的逆反心理 ……………………… (167)
3. 青年教师的孤独心理治疗 …………………………… (167)
4. 青年教师的自卑心理治疗 …………………………… (169)
5. 怎样戒除网瘾 ………………………………………… (170)
6. 怎样治疗"购物狂"症 ………………………………… (173)
7. 如何避免变成工作狂 ………………………………… (175)

8. 怎样控制酗酒 …………………………………………（177）
9. 怎样戒掉烟瘾 …………………………………………（179）
10. 如何克服猜疑心理 ……………………………………（180）
11. 教师病态怀旧心理的自我调适 ………………………（182）
12. 怎样克服嫉妒心理 ……………………………………（184）
13. 怎样矫正报复心态 ……………………………………（185）
14. 如何摆脱盲目攀比 ……………………………………（186）
15. 中年教师的心理疾病治疗 ……………………………（188）
16. 更年期教师的心理疾病治疗 …………………………（189）
17. 中年教师的灰色心理预防 ……………………………（190）
18. 中年教师如何消除心理紧张 …………………………（190）
19. 中年教师怎样平息心理危机 …………………………（191）
20. 中年教师解除心理疲劳的方法 ………………………（192）
21. 中年期神经症的治疗 …………………………………（193）
22. 更年期忧郁症的治疗 …………………………………（195）

1. 教师心理健康的重要意义

教师保持健康的心理不仅有利于自身的生理健康,有利于提高工作效率,而且有利于促进学生心理健康发展。而当前教师的心理健康状况却不容乐观。

有利于生理健康

心理健康与生理健康的关系极为密切。一方面,一个人的生理健康水平会影响心理健康水平。人的躯体性疾病、生理缺陷会给人的心理特点和心理状态带来负面影响,使人产生焦虑、忧愁、烦恼、抑郁等不良情绪,影响人的情感、意志、性格,乃至人际关系的和谐。另一方面,心理健康水平也影响生理健康水平。只有健康的心理才能培养健康的身体。例如,乐观、愉快、自信、平和的心态有助于提高人的免疫能力,使人有效地抵抗疾病的侵袭,从而促进身体健康。而心理上的不健康,如长期的过度焦虑、忧虑、烦恼、抑郁、愤怒,会导致生理上的异常或病变,引发心身疾病。心身疾病是心理因素在疾病起因中占较大成分的疾病,或者说是主要由心理、社会因素引起、与情绪有关而呈现身体症状的躯体疾病。人是一个生理和心理紧密结合的有机整体,精神和躯体在同一生命进程中共同起着作用。那些与情绪联系密切、由植物神经系统支配的器官系统更易患这种疾病。

有利于工作效率的提高

教师的心理健康水平较高会使其在智力、情感、意志等方面的机能都得到正常发挥,从而有助于提高工作的效率。心理健康的人能客观地评价、自如地应对客观环境,其心理倾向和行为与社会现实的要求之间的关系基本上协调。个体与环境能取得积极的平衡,就能以正确的态度和方法来对待矛盾和处理问题,也能以平和的心态对待生活中的挫折,一般不会因偶尔的失败而丧失信心,其工作和学习效率必然优于心理不健康的人。

有利于学生心理的健康发展

教师的心理健康问题还不仅仅是个人的事情,它也影响着学生的心理健康水平。

教师是学生心目中的重要人物,是学生认同的楷模,在师生日常接触中,最能发挥潜移默化的作用。而且,心理健康的教师能通过教学历程影响学生,使学生的心理也健康发展。

教师心理不健康就不能正确理解学生的行为,更无法巧妙地处理学生问题,轻则影响师生关系,重则可能伤害学生心灵。因此,为了更好地教育学生,首先教师自己必须是心理健康的人。

2. 教师心理健康的标准

联合国世界卫生组织给健康下的定义是:所谓健康,不仅在于没有疾病,而且在于身体健康、心理健康、社会良好适应和道德健康。可见,心理健康是衡量一个人是否真正健康的重要内容。那么,教师心理健康的标准是什么呢?

作为教师都会有这样的同感,即责任感与使命感、自信与自卑感、压力与困惑感等。这些心理感受会依据每个人不同的经历与学历、不同的性格特征和心理承受能力等多种因素,赋予自身相应的情绪、情感、动机、目标、态度、行为和结果。好的结果自然会给人一种成功而愉悦的心理体验,使人更加自信;反之,不好的结果便会给人一种不良的、甚至很糟糕的心理体验,使人感到自尊心受损而失去自信,压力与困惑接踵而来。不仅工作的积极性和兴趣受到压抑,其身心健康和工作效率也会直接受到威胁。

能积极地悦纳自我

即真正了解、正确评价、乐于接受并喜欢自己。承认人是有个体差异的,允许自己不如别人。

有良好的教育认知水平

能面对现实并积极地去适应环境与教育工作要求。例如,具有敏锐的观察力及客观了解学生的能力;具有获取信息、适宜地传递信息和有效运用信息的能力;具有创造性地进行教育教学活动的能力。

热爱教师职业,积极地爱学生

能从爱的教育中获得自我安慰与自我实现,从有成效的教育教学中得到成就感。

具有稳定而积极的教育心境

教师的教育心理环境是否稳定、乐观、积极,将影响教师整个心理状态及行为,也关系到教育教学的工作效果。

能自我控制各种情绪与情感

繁重艰巨的教育工作要求教师有良好的、坚强的意志品质,即教学工作中明确目的性和坚定性;处理问题时决策的果断性和坚持性;面对矛盾沉着冷静的自制力,以及给予爱和接受爱的能力。

和谐的教育人际关系

有健全的人格,在交往中能与他人和谐相处,积极态度(如尊重、真诚、羡慕、信任、赞美等)多于消极态度(如畏惧、多疑、嫉妒、憎恶等)。

能适应和改造教育环境

能适应当前发展、改革与创新的教育环境,为积极改造不良教育环境、提高教学质量献计献策。

3. 教师不良心理的主要表现

从整体上看,教师群体和其他群体一样,其心理健康状况的不良表现主要有以下几个方面:

躯体化

主要反映身体不适,包括心血管、胃肠道、呼吸和其他系统的主诉不适,头痛、背痛、肌肉酸痛以及焦虑的其他躯体表现。

抑 郁

主要表现为心境苦闷、生活兴趣减退,动力缺乏,活力丧失,失望,悲观等以及与抑郁有关的认知和躯体征象。

偏 执

主要表现为个体有偏执性思维,如敌对、猜疑、妄想、夸大等。

人际敏感

主要指某些个人不自在与自卑感,特别是与他人相比时更为突出。在人际交往中表现出自卑感、心神不宁、明显不自在,以及在人际交往中自我意识过强,消极等待等。

敌 意

主要从思想、感情及行为三个方面来反映敌对的表现。具体的表现包括时常有厌烦的感觉,摔物,喜欢与人争论直到不可控制的脾气爆发等。

强迫症状

主要指那些明知没有必要,但又无法摆脱的无意义的思想、冲动和行为。例如强迫性洗涤、强迫性仪式动作等。

焦 虑

一般指烦躁、坐立不安、神经过敏、紧张等主观焦虑体验以及由此产生的躯体表征,如气促、出汗、尿频、失眠、发抖、惊恐等。

8.恐怖。恐惧的对象包括人、物、事等方面及社交恐怖。

9.精神病。主要有精神分裂症和情感性精神病,心理和行为有非常明显的异常。

4.教师心理问题的一般症状

心理学家俞国良教授在研究中,总结出了教师心理问题的四大症状:

生理和心理症状

表现在抑郁,精神不振,对学生漠然冷淡,焦虑,对外界担心和过分忧虑,有说不出原因的不安感,无法入睡等;一些人表现为不关心身边的事情,但是对以后可能发生的事却忍不住担忧。在抑郁和焦虑心态中,常常还会出现身体症状,如失眠、无食欲、咽喉肿痛、腰部酸痛、恶心、心动过速、呼吸困难、头疼、晕眩等。

人际关系症状

教师心理不健康会直接影响其与他人的关系,教师既是学生的老师,也可能是一家之长,要做家庭主要事务的承担者和社会模范公民,但很多教师缺乏时间进行自我心理调节,一旦心理出现问题,极容易在人际关系中表现出不适应。如,有些教师在与他人的交往中沉溺于倾诉自己的不满,没有耐心听取他人劝告和建议,拒绝从另一个角度看问题;有的教师则表现出攻击性行为,如冲家人发脾气、体罚学生等。

职业行为症状

教师心理不健康,受害最大的是学生。这种症状在职业上主要表现为:逐渐对学生失去爱心和耐心,并开始疏远学生,备课不认真甚至不备课,教学中缺乏新意,讲课乏味;对教学中出现的问题小题大做,出现过激反应,处理方法简单粗暴,甚至体罚打骂学生;有的教师则出现缺乏责任感,对学生中出现的问题置之不理,听之任之现象。

教师的职业倦怠

这是教师中出现最多的问题,教师在教书生涯中面对的常常是同样年龄的孩子,做着带有一定重复性的工作,如何克服自己的倦怠,保持对学生的热情和爱心,对每一个老师都是一种考验和挑战。

对教师而言,心理问题的出现,往往会带来他们对学生爱心的缺乏,在缺乏积极进取和负责任精神的情况下,心理出现问题的教师将开始厌恶本职工作,用消极态度从事教育事业,这种情况一旦普遍存在,将对学校教师群体的整个士气产生极大不良影响。

5.影响教师心理健康的因素

教师心理问题的出现是在外界压力和自身心理素质的互动下形成的,总听到有的教师说:压力太大啦、教师难做啦之类的话,若一个教师总是处在重重压力之中而忧心忡忡难以排解,心理问题的出现就变成在劫难逃了。

和大多数社会成员一样,在社会发生急剧变化的时候,社会成员不得不面临更大心理压力,教师也不例外。教师劳动的特殊性带来的角色模糊、角色冲突、角色负荷过重使一些教师感到压力和紧张,社会对教师的期望是为人师表,教师常常不得不掩盖自己的喜怒哀乐,在教师和身为一个普通人之间,教师常常会面临角色转换之间的压力;教师职业的神圣感和教师实际社会地位的失落之间产生的反差也容易让教师难以避免内心深处存在的角色冲突。

素质教育对教师的要求越来越高了,教师要不断学习提高,要帮助每个学生成材,在承担繁重的教育教学任务的同时,还要避免表现出烦躁、沮丧、厌烦等情绪,造成了心理上的过重负担。

随着社会的进步,学生获取信息的渠道多样化了,教师的权威性受到挑战,传统的教师角色也受到了挑战,这使教师在面对学生时,总是感受到压力。

一所学校的管理是否能够给教师提供一个教育教学的良好氛围和环境,也会直接影响到教师心理承受压力的大小。升学率、学生考分排队、实行淘汰的聘任制、教师的职称评定、对教师的奖惩条例等,都使教师不可能"两耳不闻窗外事,一心只教圣贤书"。

但是,在相同的压力和环境下,并非所有的教师都会出现心理问题,有的教师即使在面对压力的情况下,仍然能够保持心理的健康和稳定。俞国良认为,这主要是因为两个原因:人格因素和个人生活的变化。研究发现,不能客观认识自我和现实,目标不切实际,理想和现实差距太大的教师或有过于强烈的自我实现和自尊需要的教师更容易出现心理问题。而在个人生活出现变化,诸如结婚、升迁和亲人死亡、离婚等事情发生时,心理问题更容易发生。

6. 教师心理健康的自我维护

教师的心理健康从根本上说还得由教师自己维护。一个优秀的教师应该能够处理好两个方面的关系——既关注学生的心理健康,同时也重视自己的心理健康。优秀的教师在需要的时候能承受巨大的压力,但他绝不应让自己一直处于压力之中以至于身心俱损,影响工作和生活的正常进行。教师如何维护自身的心理健康呢?

端正认知

(1)树立正确的自我概念。

从心理学的角度来讲,教师这一职业是如今最"开放"的职业。他的工作得接受许多人直接或间接的检查和监督——学生、校长、教研员、学生家长、教育局等等,以至整个社会。所有的这些人和社会团体都认为自己对教师的工作有评价的权利。对于教师应该怎么做,应该是什么样的人,他们都有自己不同的观念和想法。仅仅是与以上提到的这些人相处就可能让教师产生焦虑,不管是正常的焦虑还是神经过敏性焦虑。并且教师自己心里也有"一杆秤",随时随地都在监督着自己的工作,甚至比别人更严格。

因此,教师应该树立正确而且稳定的自我概念。自我概念是个人心目中对自己的印象,包括对自己身体、能力、性格、态度、思想等方面的认识,是一系列态度、信念和价值标准所组成的有组织的认知结构,把一个人的各种习惯、能力、观念、思想和情感组织联结在一起,贯穿于经验和行为的一切方面。个体只有树立正确而且稳定的自我概念,才能正确认识自己,客观评价自己,合理要求自己,了解并愉悦地接受自己的优点和缺点,不给自己设定高不可攀的目标。同时,个体因为对自己更加了解,由己及人,也就能够客观地评价别人,接纳并理解别人的错误和缺点,对世事中的不平、不满、不尽善尽美之处能处之泰然。这种心态对保持心理健康是非常有利的。

自我概念是在经验积累的基础上发展起来的。正确的自我概念的形成与知识的积累是分不开的,前面的研究结果也表明,教师心理健康水平与受教育的程度正相关。所以教师应多学习,多接受新知识,以加强自身修养。

教师也可以坚持收集有关他的教学效果和学生学习情况的资料。这些资料不仅能用来帮助教师提高教学水平,而且能使教师更清楚地知道他是否达到了自己预定的目标。教师对自己教学方法的利弊了解越深,越了解学生是否接受这些方法,就对自己了解越深,自我认识就更客观,自我概念就越坚定,评价工作就做得越全面,对自己也就更自信。

(2)正确认识和对待失败。

自我维护心理健康的能力包括很多,如角色调整的能力,从职业中获得满足和乐趣的能力,免于患上神经过敏性焦虑的能力。而教师对失败的看法是自我维护心理健康能力的中心因素。

正因为教师是心理上"开放"的职业,失败和过错发生的机率就特别大。人无完人,每个人都会犯错,每个人都会有失败的经历,关键是看怎么去认识和对待自己的失败。如果能从失败中吸取教训、总结经验,失败就是成功之母,而且能减少压力和焦虑的来源,更有利于自身的心理健康。比如,一个对自己的教学能力充满信心的老师对学生家长和社会上其他人员对课程提出的不同意见会处之泰然。与教育界之外的人谈论课程的时候,他心态平衡,语气坚定,因为他知道自己是一个有能力的教师,他知道自己在说些什么。他清楚地知道,自己对问题的直接接触更多,因而对整个教育形式也就有更客观的把握。他从实际工作中建立起来的安全感不会受到影响。因为学生对他友好而不失尊敬,因为他帮助差生并真的使其成绩上升,因为他客观地知道教学中的失败是不可避免的。事实上,正是因为他能接受这些失败,并从中总结经验,才有如此大的心理能量来勇敢面对失败。

(3)换个角度想问题。

客观地讲,教师是无法满足别人以及对自己的所有要求的。而且,许多期望,包括教师自己对自己的期望都是非常极端的。比如,一位数学老师或许希望每个学生都能完全掌握某节课所教的数学理论,他也知道有许多他所无法控制的因素使这种希望不能实现。然而,在整年的数学教学中,他都怀有这个希望,而且,他的行为也表现出似乎这个目标是可以达到的。但是,他也许会根据实际情况实事求是地对自己的期望做一些调整。他不再幻想张三和李四能学得一样好,毕竟他们的数学抽象能力相差很多,而且,班上还有几个学生似乎根本就没想学数学。当然,他仍然很关心这些学生并给他们一定的压力,让他们知道,他希望他们努力学习,需要的话他会尽力给予帮助。

那么,期末考试的结果是,班上有60%的学生很好的掌握了数学理论,20%多的学生可视为勉强过关,还有几个根本就没弄懂。他失败了吗?这有赖于他对"失败"的主观看法。有两种可能,他或许对自己非常苛刻,觉得远远没有实现自己的目标;他或许会对自己感到满意:我已经在客观条件允许的情况下做得很好了。

采取先前想法就会有挫折感,体验到不安、焦虑等负性情绪,而采取后一种想法却能心安理得地继续工作。这里想说的是,教师应该正确的认识和评价生活中所谓的"失败"。很多时候,这种失败实际上只是教师个人主观上体验到的挫折,不一定是客观的。

教师有时可以改变思维方式,换个角度考虑问题,也可以说是适当一下阿Q。比如许多教师或许都有过这样的经历:因为班上某个学生的品行不良而受到了学校的处分。其实,教师不必因此而过分内疚自责,正如教育心理学者张春兴所言,有些学生的问题"病因根植于家庭,病象显现于学校,病情恶化于社会",并非仅仅是教育失当那么简单的事,而是有多方面的原因,教师只要尽到了责任,就可以问心无愧。

调适情感

(1)情绪控制。

情绪控制指个体对自身情绪状态的主动影响。这里主要讲教师在学生面前应控制自己的消极情绪,不把挫折感带进教室,更不要发泄在学生身上。教师觉得在工作中受到了委屈,很自然地容易把气发泄在坐在自己教室里的学生身上,因为学生常常就是让他们受委屈的"罪魁祸首"之一。本来,适当地刺激一下捣蛋学生的自尊对矫正学生的问题行为可能是有效的,然而教师在情绪激动的时候很难把握好这一尺度,常常就可能伤害学生,也破坏了自己在学生心中的形象。如果教师是因为自己遇到了挫折而烦躁,并且因此而斥责学生,学生们是能够意识到的。他们不仅不愿再尊重教师,听教师的话,还可能会报复教师。

情绪控制的方法可以从两个方面入手:从认识上分析造成不良情绪的原因,看自己的反应是否合理、是否适度;从情绪本身方面控制可能发生的冲动行为,采用合理或间接手段适当疏导。例如,自己提醒自己在情绪激动时不要批评学生。等待自己能心平气和地冷静处理问题时再批评学生,防止言行过激。在这方面,如果调整得法,可以化消极被动情绪为积极主动的建设性行动,也就是精神分析法所说的升华。

(2)合理宣泄。

如果不良情绪积蓄过多,得不到适当的宣泄,就容易造成心身的紧张状态。这种紧张持续时间过长或强度过高,还可能造成心身疾病。因此,教师也应该选择合适的时候、合理的方式宣泄自己的情绪。情绪的宣泄可以从"身"、"心"两个方面着手。"心"方面如在适当的环境下放声大哭或大笑,对亲近和信任的朋友或亲人倾诉衷肠,给自己写信或写日记。"身"方面如剧烈的体力劳动,纵情高歌,逛逛街,买点自己喜欢的东西等等。还可以出门旅游,从大自然中使自己的情操得到陶冶。

(3)从其它地方寻求满足感。

如果教师觉得在学校中无法获得心理上的成就感和满足感,可以试着在教室以外寻求成就感。培养一项有创造性的爱好,比如集邮、写作等等,是一个好方法。个体能够随这些爱好的深入而体验到满足。

另外,教师应努力营建一个幸福和谐的家庭。美满的家庭,幸福的婚姻,能促进个体健康人格的形成与发展,能在个体遇到困难时给予鼓励和帮助,缓减个体的心理压力。这一点对于中小学教师尤为重要。在工作中遇到困扰、受到压力的教师如果回到家中能感受到家庭的温馨,在工作中本应体验到而没有体验到的满足感就能够在家庭中得到弥补。而没有配偶及家庭的理解和支持的教师很难在工作之外获得情感上的舒缓和心理上的安慰,因而很容易产生孤独、忧郁等消极情绪,不利于心理健康。

改变行为

(1)角色学习。

角色学习是预防焦虑的途径之一。当多种角色发生冲突时,当教师已分不清自己是谁的时候,焦虑就容易产生。事实上,教师适应职业生涯的主要问题就是学会扮演好合适的角色。在新教师参加工作的头几年里,几乎把时间都花在教师这个新角色的学习上。当教师开始觉得他所扮演的这些角色有效而且合适时,许多问题就会迎刃而解,他的焦虑水平就会减低。因为这时,即使面对在教学工作中不得不面对的各种情况时,教师也知道该做什么,该如何要求自己,该如何要求学生。新教师的许多焦虑之所以会产生,大多是因为他们不能预料将发生的事,更不知道如何处理。通过职业角色学习,可以减轻或消除教学情境的这些不确定因素和难预测性。这样,角色学习也就帮助教师消除或降低了教学中可能会产生的焦虑。

当然,角色学习也有它的弊端:一些教师太依恋于现在所扮演的角色,即现在所使用的教学法、所采用的教材、所例行的程序而不愿尝试新的方法,接受新的思想。事实上,他们是害怕如果放弃已经证明可行的方法(虽然这些方法也许效率不高),他们会再一次体验曾体验过的焦虑。如果学校领导强行执行新的教学手法,教师很有可能会产生焦虑、烦躁、无奈、甚至怨恨等消极情绪。

(2)个别或集体讨论。

与其他众多的教师进行讨论是寻求解决问题的方法的有效途径,也是减轻压力和烦恼的好办法。人们甚至教师自己往往都有这样一个错误的观念,认为一个优秀的教师应该是无所不能的。所以许多教师在遇到困难的时候,情愿压抑自己的情绪,在巨大的心理压力下继续工作,也不愿与其他人讨论问题或是寻求帮助。他们害怕(有时这种害怕也不是全无道理)承认自己在教学中有困难,教学工作有待改进就等于承认自己能力不够或教学失败。

其实,每个人在工作中都会有困难,没有人是样样精通、无所不能的。与同事交流讨论不仅是解决问题、增加工作经验的好方法,而且也是获得所需支持的重要途径。

(3)坚持锻炼。

前面曾讨论过生理健康与心理健康之间的密切关系,身体健康能促进心理健康,因此,坚持体育锻炼,增强体质,预防生理疾病也是维护心理健康的好方法。不过,教师在体育锻炼时应注意量的问题,不要适得其反,因疲劳而影响了正常的工作和学习。

(4)寻求专业帮助。

寻求专业帮助在这里主要是指教师在有心理障碍或心理疾病时应寻求心理咨询或心理治疗。

心理治疗能提高教师的理解力,使他们和学生、同事一起工作得更好。杰西德(Jersild,1962)等曾对来自小学、中学和大学的 111 名接受过心理治疗的教师进行了调查,以研究心理治疗对教师的工作和生活的影响。结果表明,95%的教师认为心理治疗使他们能更好地理解学生;89%的教师认为心理治疗使他们有更大心理承受力去接受那些有敌对、愠怒、反叛情绪的学生,并能更好地教育他们;73%的教师认为心理治疗提高了他们走近那些畏缩、难以接近的学生的能力。接受调查的教师还说心理治疗使他们更喜欢自己的同事和伙伴,更喜欢本职工作。

杰西德研究中的许多教师都有这样一种看法:教育的首要目标应是帮助儿童和青少年发展自我认识能力。当然,对自己的情感和行为了解更深的教师对和学生的关系就更敏感。能意识到自己的敌对感、内疚感和焦虑的教师能理解这些冲突在他的学生生活中的重要意义,能更好地给予他们所需要的帮助和指导。杰西德研究中89%的教师指出,心理治疗使他们在帮助学生处理个人问题时能更好地判断什么该做、什么不该做。

不仅仅是教师,各行各业的人都正逐渐认识到,心理治疗,不管是短期的还是连续的,都能帮助他们更愉快、更有效地工作。以前,一提到心理治疗,人们就会把它与精神病挂钩。但现在,人们越来越认识到,求助于心理治疗的教师是诚实、有勇气、愿意进步和发展的教师。要一个被心理问题所困扰的教师硬撑着低效率地工作是没有任何意义的,其结果很有可能是教师把他的消极情绪投射到他所教的学生身上,给学生的心理造成不良影响。

(5)积极参与继续教育。

现代社会飞速发展,新的知识层出不穷,要想靠在学校学习的十几年就学会人类经历了几千年的知识技能尚不可能,更不用说今天呈几何级增长的新知识。而教师是知识的传播者,是人类知识的代言人,因此,教师不断接受继续教育,学习新的知识,就成为必然之举。所谓"活到老,学到老"就是这个道理。教师如果不学习,就跟不上时代的要求,跟不上社会的发展,而青少年的好奇心强,求知欲强,特别喜爱并能接受新事物,这样教师与学生之间的代沟会越来越大,越来越深,学生还有可能会因此而不尊重教师。

所以,积极的参加继续教育也是教师维护自身心理健康的一项重要措施。身为教师,只有不断提高自身的综合素质,不断学习和掌握新的知识,尽快适应新的教学观念,掌握新的教学方法,达到新的教学要求,才能寻求新的发展,也才能真正拥有心理上的安全感。教师不断地接受新知识,开拓自己的视野,也能使自己站在更高的角度看问题,以更平和的心态对待生活和工作中不尽人意之处,更少地体验到焦虑和挫折,对维护心理健康有重要意义。

（6）寻求新的工作体验。

一个尽职的教师是非常辛苦的,需要休息和放松。充当"无所不能"的教育者形象的确使人精疲力尽。因此,教师可以试着在假期做一份其他领域的工作。新的工作体验不仅能使教师得到放松,而且可以开阔教师的视野,增加教师的知识面。教师可以把从其他工作体验中获得的经验、积极情绪带到教育工作中来,更好的促进教育工作。

（7）调换环境。

这当然是在迫不得已的时候才走的最后一步棋。教师如果真的认为自己所在的学校一无是处,给自己的只有困扰,或许最好的方法就只有离开那个是非之地了。恶劣的环境的确使人无法忍受,对个体的心理健康伤害极大。在这种情况下,调到另一个学校、另一个地区或是干脆换一种工作是明智的而不是怯懦的选择。这不仅帮教师解决了问题,对他所教的学生来说,也不失为一件好事。

7. 教师进行心理保健的方法

适时调节

给自己留下一定的活动空间,发展一些兴趣爱好。教师的职业性质决定了我们的工作时间是不会随下班而结束的,我们必须在下班后再备课、进修、学习、家访等等。在这样的工作重压下,我们要掌握一些自我心理调节的方法。我们应该合理的安排调控好工作、学习和生活之间的关系,尽量在制定工作计划和目标时适当留出余地。无论工作多么繁忙,每天应留出一定休息"喘气"的时间,让精神上绷紧的弦有松弛的机会。我们可以适当发展一些兴趣爱好,琴棋书画、写作旅游都能有效地调节改善大脑相关中枢的兴奋与抑制过程,进而缓解压力,消除疲劳,调节情绪。让我们的心灵走出紧张乏味的小圈子,进入一个生趣盎然的

世界。

适当参加运动

适当参加运动,把烦恼与汗水一起"排泄"出去。烦躁琐碎的工作会给我们带来很多忧愁烦恼,长期积郁在胸,虽然表面上看不到有什么表现,但内心受到消极感情的控制,使得工作没有激情,上课语调平平,影响工作效果。所以我们要采取对策,把烦恼"排泄"出来。如主动找人倾诉,每天晚上罗列一下自己在这一天的"闪光点",给自己一些积极的暗示等等,这些都能让自己有愉快的心情。体育运动是健心的良药,能有效排解不良情绪,有效消除心理疲劳。只要你做一个有心人,学校内这样的机会还是很多的。在活动课上与学生打打乒乓球,既健康身心又增进师生间的感情。与同事打打篮球,也能排解烦恼增进同事间的友情。运动中心理得到调节,思虑得以澄清,在不知不觉中我们疏泻了心中的忧恼与不快。

8. 教师心理优化的意义

心理优化的定义

心理优化就是对人的心理品质加以改变或选择,使其向优良方向发展。人的心理品质,从内在结构上看是由认知、情感、意志、个性等心理成分构成的,是人最基本的心理现象,体现的是心理的发展特征。这也就是说,要实现心理优化,具体而言要从人的认知、情感、意志、个性等方面入手,使它们得到更好的发展。

心理健康是身体健康的内在支持,身体健康是心理健康的物质基础,身体是生命的物质载体,没有身体,生命就无法存在;心理则是生命的精神载体,没有健康的心理,其他一切也将失去存在的意义。一个人身体与心理都健康才称得上真正的健康。身体健康与心理健康是互相依存、互相促进、互相制约的。就犹如一枚银币的两面,二者缺少哪一个都是不完整的。

心理优化的意义

教师是一种特殊的职业,是用心灵浇灌的职业,劳动对象是成长发展的学生,教育工作的这一特殊性决定了教师心理健康的重要性,要让学生具有健康的心理,首先教师要有健康的心理。那么,心理优化有哪些作用呢?

(1)优化教师心理可以提高教育质量。

(2)优化教师心理可以提高教学质量。

心理健康的人心理结构和谐,能区分工作、学习、娱乐与休息的轻重缓急,工作时能全神贯注,能排除各种无关干扰(主客观两方面的干扰)。

教师要优化自己的心理,必然掌握相关心理学知识、掌握调节控制人行为的科学方法,而教学过程就是塑造与改变人心理结构与行为模式的过程。

教师要优化自己的心理必然会注意教学过程的心率,这个世界上最复杂,最精巧的器官大脑,更需要人们精心地使用和保护。

9. 教师认知自我的重要作用

认知一般由三个部分组成:在接受和评价信息的基础上,找到应付和处理问题的方法,并且预测和估计可能产生的结果。

教师的认知过程是提高教育质量的必要基础。教师的认知过程特点包括分配注意的能力、敏锐的观察力、良好的记忆力和创造性的思维能力。

分配注意的能力

注意是大家熟悉的心理现象,比如学生全神贯注地听课,科学家专心致志地思考问题等,都是注意现象。注意本身并不是一个独立的心理过程,而是感知、记忆、思维等心理过程的一种共同特性。它在人的心理活动中占有特殊的地位,是各种心理活动所不可缺少的条件。

一般来说,具有较强注意分配能力的教师,往往能够做到:在课堂上将多种有效的教学手段融为一体,同时利用言语、板书、教具等把教学内容传递给学生;有效地组织课堂教学,善于使所有学生都始终处于积极的思维活动状态;把每个学生都纳入自己的注意范围内,并随时发现他们在学习中的问题,及时加以引导;同时根据学生的反馈信息,调整自己的教学内容、方法和速度。

敏锐的观察力

观察力是一种有目的、有计划、比较持久的感知能力。敏锐的观察力则是教师了解学生以获得教育依据的重要能力。具有敏锐观察力的教师,在自己的教学工作中,往往能随时地观察学生的心理表现,及时发现学生细微的内心变化和行为动态,并由此了解他们知识、智力和个性发展等情况。同时,敏锐的自我观察能力还有助于教师不断调整自己的行为,以便发扬优点,克服缺点,用自己的心理品质和模范行动去影响、感化和教育学生。

良好的记忆力

良好的记忆力是认知过程的重要环节,也是教师的一个重要的心理品质,因为在教育和教学中有许多东西需要教师记住。如教材内容与教学设计、教学方法的运用,学生的姓名、爱好、特征、品行表现、知识、技能及智能水平等,都需要教师能清晰、准确地再现出来,从而在心理上征服学生,融洽师生关系,做好教学工作。

创造性的思维能力

创造性思维能力是创造力的核心,教学工作本身就是一种创造性工作,它要求教师必须具有创造性的思维能力。教学虽然有统一的课程标准、教科书,但如何将教学内容传授给学生,并有效地发展学生智力、培养他们的能力,并没有统一的教学程序和教学方法。这就需要教师首先依据课程标准的基本要求,创造性地理解和处理教材,重新筛选、加工、创造出适合学生需要的教学过程,并采用灵活多样的教学方法和学生听得懂的语言施教,创造性地把知识传递给学生。其次,表现在教育对象上,一个班级几十名学生,他们在兴趣、爱好、气质、性格以及思想品德和行为习惯等方面都各具特色,即使同一个学生,在不同时间、不同年龄和不同情况下,也不会停留在同一水平、同一身心状态上。最后,表现在对待自己和别人的教学经验上,要有分析、有批判地接受,既不盲从、生搬硬套,也不一意孤行,而是善于取长补短,不断探索出更加完善的教学经验。

10. 情感发展对心理健康的影响

　　情感是一种非常复杂的心理活动,不仅影响人的心理意向,同时也影响一个人的身心健康。开放社会、竞争年代、信息革命,教师一方面伴随快节奏的生活频率而不断地加重自己工作、学习和生活的负荷;另一方面,面对光怪陆离的应激源,要不断作出更大的心理应激反应,这都可致使教师形成巨大的心理压力,引发许多负面情绪。

　　一个教师首先是社会中的一员,是一个普通的人。作为人,都有七情六欲和喜怒哀乐,但是,教师又是从事着特殊职业的人,没有哪一种职业对别人的影响会像教师那么大,因为他们面对的是正在成长发展着的学生。由此教师的情感也被赋予了一些特殊的内容。当教师产生挫折感并且表现出不良的情感时,他的学生一定会受到其不良的影响;而且情感是可以传染和传递的,教师消极的情感会极大地破坏其人际交往圈子,甚至缩减其社会支持系统。所以调节教师不良的情感,帮助教师学会拥有、保持一种良好心境,这不仅仅能促使他们保持对教师职业的热爱、尊敬和眷恋,更有助于教师自身的职业发展,有助于教师维护自身的心理健康。

教师情感是人类情感在职业方面的具体表现,也正是因为教师职业的独特性,使教师情感及其调节问题成为大家关注的焦点,教师情感的一般特征是:

教师情感的适应性

教师不仅要适应学校的要求,与领导和同事之间建立一种互相包容、互相支持的人际关系,从自身的职业发展要求来说,更为重要的是与学生的相处。教师应该以积极的情感感染自己的学生,当学生遇到困难的时候及时地回应和帮助;当学生做对一件事的时候,有鼓励和表扬。通过教师情感的恰当表达,让学生在教师的情感变化中去捕捉、领会自己,感受到教师对自己的关心、对自己的喜欢,从而更加确信自己,积极地发展自己。

教师情感的应激性

"应激"一般多指广义的身心机能状态的剧烈变化,这里专指发生危机时引起的情感状态变化。

教师职业是一个充满应激源的工作,教师要扮演多种角色,协调各方面的教育影响,面对由个性差异显著的学生个体组成的庞大的学生群体,还要参与激烈的班际竞争、校际竞争等。这些都能表现在教师的情感状态上。也就是说教师的生理、心理感受及面部表情等都在瞬间迎接着各种职业要求的考验。同时,作为教师也可以通过对情感的三种组成成分的调控增强自己的应激力。比如,调节你的呼吸,调整自己的认知,保持你的微笑,这样做就可以将消极应激的作用转为积极的应激作用,从而不断提高自己的承受力。

11. 教师进行意志训练的方法

教师的工作是种艰苦的活动,常常会遇到许多这样的课题,如克服诱惑、保持注意、稳定情绪、战胜困难、坚定信心、应付挫折等等,这些无不需要坚强的意志来保证。下面介绍几种意志发展训练的方法:

增强意志训练

一是"决不放弃"。人生是所学校,不幸是最好的老师。当你遇到困难和挫折时,可能会懊丧万分,这时有一个基本原则可用,即"决不放弃"。放弃必然会导致彻底的失败,甚至导致心理的失败感,这种失败心理将影响你的一生。二是"再试一次"。人们在现实生活中往往会因为失去信心而放弃进一步的努力。在很多情况下,把自己同目标分隔开的"玻璃板"实际上早已不存在,可自己却放弃了努力。这时,不妨告诉自己"再试一次"。再试一次,也许会成功。

应对挫折训练

一是树立正确的人生观、世界观;二是做好充足的心理准备,有战胜挫折的勇气和信心;三是改变情境,改变使人遭受挫折的环境和心境,振奋精神,心胸开阔地应付挫折,包括参观、登山、郊游等。学会应付挫折引起的焦虑的方法,可采用发泄法、转移法、升华法等。应用成功体验法,创造机会,使自己获得某些成功,有了成功的体验,可以改变受挫的心理与自卑心理。

战胜失败训练

一是"以柔克刚"。面对失败,面对困难,要勇敢地承认自己的不足,并乐于弥补不足,不要产生畏惧心理。只有意志顽强、信心十足地去克服困难,才能战胜失败,走向成功。二是"变失败为垫脚石"。当面临失败打击时,首先要准确地限定失败的范围,不要主观地扩大失败的影响,不因一次失败而全盘否定自己,然后再正确地总结失败教训,找出多种可能的原因,对症下药。三是"把失败看作是对自己的挑战和考验"。失败是一种历练和启示,提醒自己目前做错了什么。失败只能压倒弱者,失败时以一种健康、冷静的心态去面对,找到失败的原因,汲取教训,就会把危机变成机会。当遇到困难并能一次次超越失败时,一个人的智慧、能力、经验就会不断增加,心态也就会越来越积极,久而久之,便会成为一个更优秀、更成功的人。

12. 教师优良个性的自我培养

自我意识对个性发展起监督和矫正作用。因而培养教师的健康个性,应该重视个性发展中诸因素的作用,努力创造有利于个性健康发展的内部条件。

树立科学的世界观、人生观和价值观

有理想才有奋斗目标,有信念才能坚强刚毅。只有用科学的世界观、人生观、价值观统贯一生,生命才有意义,才能形成健全的个性。要能过各种途径树立崇高的理想,确立科学的人生观、价值观及世界观;对社会、人生、世界上的各种事物持正确的态度和认识,采取适当的行为反应;正确分析、体察客观事物,心胸开阔,乐观向上;对心理冲突和挫折有耐受能力,防止心理问题的发生,从而保持心理健康。

加强自身的个性修养

教师在其个性的发展过程中,由于各种主客观条件的限制,会产生各种心理矛盾与冲突,心理挫折。若这种冲突解决不当将严重影响个性的健康发展,甚至形成一系列个性心理障碍,形成不良个性。因此,教师要加强自身个性修养,依靠自我调适的作用来影响个性的成长,努力对自己的能力作出客观的评价,并依此付诸社会实践。切忌对自己过分苛求,而应把奋斗目标确定在自己能力所及的范围内,从而使自己的心理

机能经常保持良好的竞技状态。

在群体生活中体验自我的价值和生活的乐趣

教师应在学校的集体生活中,积极地主动参加各种社会活动,多与集体中的其他成员交往和联系,特别是与志趣相投的同事、朋友在一起,进行思想的沟通和情感的交流,并从中得到启发、疏导和帮助。这不仅可以增进理解,开阔心胸,还可取得更多的社会支持。更重要的是,可使自己在这个过程中感到充足的社会安全感、信任感和激励感,大大增强生活、学习和工作的信心与力量,最大限度地减少危机感,从而保证个性的健康发展。

在从事业余爱好的过程中发展个性

业余爱好广泛,可以使人在寂寞孤独、烦闷抑郁时,通过自我娱乐防止心境的压抑,使身心获得有益的休整和放松。开展丰富多彩的业余活动可以使人感到充实,轻松愉快,心情舒畅。在活动中增长知识和才干,使个性健康成长,学会欣赏自己。

13. 教师产生职业倦怠的原因

引起教师职业倦怠的原因是多方面的,既有教师职业特殊性的影响,如工作量过大、学生难于管理、学校提供的支持匮乏等校园环境中的因素,又有社会对教师的要求,教师自身的个性特点也是引发职业倦怠的重要原因。

教师职业的某些特点

(1)教师工作过程上产生的角色冲突使很多教师感到有压力、紧张乃至倦怠。随着学校功能的日趋复杂化和多样化,教师所要扮演的角色也越来越多重化。有时教师还必须同时扮演两种截然相反的角色,如既要树立教师权威又要成为学生的朋友。如果教师不能妥善调和这种不和谐,压力就会随之产生。

(2)教师是人类灵魂的工程师,于是许多老师都认为教师必须在学生、家长甚至全社会的人们心中保持一个"完美"的形象,一旦出现差错,内心的自我谴责往往强烈而持久。实际上,在现实生活中,教师职业的神圣感和社会地位之间存在较大反差,长期的心理负重和人格冲突下,教师不仅身心疲惫,也很容易感到厌倦。

(3)教师专业发展是一个长期的、动态的、纵贯整个职业生涯的过程。教师刚刚走上工作岗位,经历身份的转变、角色的转换与责任的变化,他们往往会感到无所适从,而在教学和工作中一有不顺心,就容易出现精神疲惫、冷漠对待的态度。

(4)现行的教师评价制度不够完善。职业绩效评价的简单化使教师不容易得到成就感的满足。素质教育的实施依旧无法改变全社会对升学率的狂热追求,考学生实质就是考教师。几年的心血、几年的付出,结果如何全在升学率上体现出来,成者王侯败者寇。这也是诱发倦怠感的一个因素。

工作负荷过重

(1)从工作的投入来看,工作时间长、劳动强度大、福利待遇偏低,久而久之老师就会对教育工作失去兴趣和动力。据一项调查显示,某地区中小学教师人均日劳动时间为9.7个小时,比其他岗位的一般职工日平均劳动时间高出1.67个小时,娱乐时间少0.5个小时左右,积累起来,年超额劳动时间为420个小时。

(2)从工作的内容上看,教师的教学工作是一项重复性很强的工作,教学内容的不断重复,教学方法的不断熟练,容易使人产生"不新鲜"的感觉,逐步丧失对教学内容、教学方法的探求兴趣,诱发教师产生倦怠感。

(3)从教师实际完成的工作任务来看,与教师职责相关的任务有:第一,教书,要取得好成绩。第二,育人,要保证学生遵规守纪,不容闪失。第三,学历,要"再上新台阶"。第四,晋升,要电脑、英语双过关。教师本人的学历进修和各种继续教育培训(教师每年要接受不少于72学时的"继续教育"),评职称前的各种达标要求,使个别教师疲惫不堪。

管教学生困难

从学生的特点来看,现在中小学生几乎都是独生子女,他们的独立意识较差,依赖性较强,学习自觉性不高,学习积极性不强,部分单亲家庭学生还可能存在心理问题,这都需要教师付出更多的时间和精力。另一方面,随着社会的发展,学生接受信息的渠道越来越广泛,很多学生已经不满足于课堂和教科书上的知识,教师作为"传道、授业、解惑"的权威角色受到了严重的挑战。校园里学生的暴力、违规、顶撞师长等不良行为更是时有发生,教师必须应对一些突发事件,凡此种种持续不断,使教师精疲力竭,感到对工作的倦怠。

从教育学生所取得的效果来看,学生作为具有独立思想、人格特点的行为个体,始终处于发展变化的过程中。教师付出巨大的劳动因材施教,从单一的学业成绩上比较容易衡量,但在兴趣、态度、价值观等方面学生发生的改变不仅缓慢,而且难以准确评价,教师很难完全清晰地看到自己的工作成果,最终导致职业倦怠。

来自社会各方面的压力

(1)社会发展和教育改革对中小学教师提出了越来越高的要求。新的课程标准相继出台,教材全面更新,先进的教育教学理念正在广泛传播,现代教育教学手段不断涌现。所有这一切都对教师的素质提出了更高的要求。在高要求下,教师感受到的压力有所提高,发生倦怠的可能性也有所增加。

(2)社会各界对中小学教师的角色期望值过高。教师要充当"学者"、"教育者"、"爱的播撒者"和"家长的代理人"等多重角色。将教师看成是学者,就要求教师的知识要博大精深,既是专才,又是通才;将教师看成是教育者,则要求教师模范遵守公民道德,有"先天下之忧而忧,后天下之乐而乐"的奉献精神;将教师看成是爱的播撒者,则要求教师关心爱护学生,有海纳百川之气量;将教师看作家长的代理人,则要求教师工作细致,对学生关心体贴。多重角色要求下,教师的压力之大可想而知。

(3)教师职业倦怠的产生也是教师在全社会范围内进行比较,认识上产生不平衡的结果。当全社会没有形成良好的尊师重教的风气,当教育投入与教师收入不能得到充分保证时,教师的社会比较就会出现不协调,并产生职业倦怠。

教师的人格特点

教师若具有某些不良人格特征,如不现实的理想和期望,较低的自我价值与判断,自信心过低,对自己的优缺点缺乏准确认识和客观评价等则很容易产生职业倦怠。

14. 教师职业倦怠的危害

教师有了职业倦怠感之后容易对学生失去耐心和爱心,对课程准备的充分性降低,对工作的控制感和成就感下降。这除了对自己有很大的消极影响外,还会对学生的发展有显著的消极影响。因此研究教师的职业倦怠状况,对于提高教师的职业生活质量,以及提高教育教学质量具有重要意义。

(1)对教师个人的自身伤害心理枯竭会使教师虐待自己、配偶和孩子,进而带来婚姻和家庭问题;也会导致失眠、酗酒、药物依赖和自杀。心理枯竭还会使他们斗志消沉,不再追求工作上的成就和进步,影响自身的职业发展。

(2)对学生的身心摧残:教师出现心理枯竭后,易对学生的行为做消极解释,为学生提供的服务和关怀的质量会降低,学生无法从老师身上获取关注和爱,甚至还会被老师以恶劣态度和行为对待,这对于学生的身心都是一种伤害,不利于他们的健康成长。

(3)对教育工作的消极影响:体验到枯竭的教师会士气低落,时常抱怨,工作效率下降,与同事的关系恶化,甚至会发生缺勤和离职的情况,进而严重影响组织的稳定性和工作效能。

(4)教师职业倦怠将会导致教师队伍的高流失率,严重影响教师队伍的稳定和国家教育事业及整个社会的发展。

15. 教师职业倦怠的防治

职业倦怠作为客观存在,已经成为许多人积极行为的障碍。如何让他们告别倦怠,可从以下两方面进行有效的尝试。

改变产生倦怠的应激源

商报和南北人才网公布首份宁波学校管理者痛苦指数调查结果显示,"上级总是不信任我,授权不充分"和"预定的工作目标过高"是最痛苦的应激源。因此作为校长和管理部门的管理者应尽可能突出情感化的管理特色,真正体现"以人为本"的管理理念,而不是一味地施压,尽可能营造宽松和谐的工作氛围,为教师提供人际交往的机会,使他们的郁闷和疑惑得到及时的排解;同时建立新的评价体系、调整竞争机制满足大多数教师的成就需要。这在一定程度上可以缓冲教师的心理压力,减少职业倦怠的产生。这需要全社会的关怀。

积极寻求应付方式

应付是指成功地对付环境挑战或处理问题的能力。通常,积极的应付方式可以使自己有效地面对心理应激、重新恢复生理与心理的平衡水平状态;消极的应付则往往会使人继续停留在充满压力的应激状态,继续消耗自身潜在的能量,产生倦怠,甚至导致心理疾病。

（1）是要调整心态，克服自卑与自傲心理。教师的职业是个清苦的职业，是个奉献的职业，不能与高官相比，也不能与富商相攀。教师的收入和地位仍然不是很如意，老师的工作不是社会全部人都能理解的，这些暂时现象你必须接受，因为你抱怨也好，苦恼也好，自卑也好，都无法一下子改变得了。要像魏书生一样做个大度豁达的人，遇到烦恼的事情放开点，不要抱怨自己的运气不佳，境遇太差，别一味把成败归咎于客观条件，而忽视主观能动性。教师劳动的收获，是精神产品上的收获，是短期无法看见效益的收获，认识这个特点，你要能细细体会自己感觉到的成功与欢乐。看到自己培养的人才在各条战线上为党为人民做着实实在在的贡献，哪一位教师不感觉到幸福、自豪呢？在幸福中又怎么可能心生倦怠呢？

（2）是要有兴趣。教师的职业繁琐、细腻，只要肯做就无休无止，有做不完的事，讲不完的课，教不完的学生。一个人长时间地投入在一项工作中，压力重而不堪重负。要想抛开压力，最好就是找点自己感兴趣的事情去做，可以为文，可以做事，可以读书，可以锻炼，可以活泼一点，可以朴素一点，可出可入，可庄可谐。总之，挖掘出自身潜能，辉闪自己长处，心生自豪，心生荣耀，心生自强，在成功中你又怎么可能倦怠呢！

（3）是作为管理者要把对教师的人文关怀体现于日常工作中。青年教师是职业倦怠的易发、多发群体，所以管理者应从小事、从细微处关心他们。牟平一中的做法就很值得借鉴。作为省级规范化学校，该校的年轻教师来自五湖四海。每逢中秋、元旦等节日，学校都要宴请青年教师，主要领导亲自作陪。同时经常利用节假日组织他们到周围观光、考察，并及时把学校的教育理念灌输给他们，从而使青年教师激发出深厚、稳定的工作热情。

16. 教师心理健康问题的对策

教师的职业是一种特殊的职业，是一种用生命感受生命，用心灵去

浇灌心灵的职业。教师工作的这一特殊性决定了教师要有良好的心理素质;要提高学生的心理健康水平,首先老师要有较高的心理健康水平。

(1)严把"入口关"

(2)学校要重视教师心理健康问题。

(3)教师个体层面的策略。

以个人层面为切入点促进教师心理健康的主要措施是提高教师的压力应对技术。

(1)正确认识自我,保持乐观态度。自我概念是个体自己对自己的看法,包括对自己、身体、能力、性格、态度、思想等方面的认识。个体只有树立正确而稳定的自我概念,才能正确认识自己,客观评价自己,合理要求自己,才能正确地对待他人对自己的评价,做自己认为应该做的事情,了解并愉悦地接受自己的优点和缺点,不给自己设定高不可攀的目标,同时对事物多持积极、乐观的态度。这样才能保持旺盛的工作热情。

(2)学会自我调控。教师可以采用一些压力应对技术适时调控自己的心理状态和情绪问题,如放松训练、认知重建策略和反思等。放松训练是降低教师心理压力的最常用的方法,它既指一种心理治疗技术,也包括通过各种身体的锻炼、户外活动、培养业余爱好等来舒缓紧张的神经,使身心得到调节。认知重建策略包括对自己对压力源的认知和态度作出心理健康,如学会避免某些自挫性的认知,经常进行自我表扬;学会制定现实可行的、具有灵活性的课堂目标,并为取得的部分成功表扬自己。这种反思不仅仅指简单的反省,还指一种思考教育问题的方式,要求教师作出理性选择并对这些选择承担责任的能力。另外,还可以采用合理的方式宣泄自己的消极情绪,而不要过度压抑,使之转变为心理问题。

1. 教师面临哪些心理压力

当压力袭来时,每个人都会表现出不同的征兆,即使是不细心的人也能察觉出来。比如:爱说话的人突然沉默了,紧咬牙关,闭紧双唇,做沉思状;爱笑的人不笑了,一脸愁容;平时并不斤斤计较的人突然因为一点小事咆哮不止,暴跳如雷。还有的表现为对酒狂饮、猛烈抽烟,猛吃猛喝或食欲不振,夜不能寐,精神萎靡、心不在焉等。

研究表明,人体对压力的感觉是最为敏锐的,这种反应让人体各"部门"的运作加速到能够应付情势所需的程度,但如果反应持续不退,就会使人枯竭。在这种情况下,人体的每一部分都会受到不同程度的影响,从而对身体造成伤害。

领导的压力

与领导的关系不和,是压力的一个重要来源。因为这些领导能够从物质上对我们的生活施加影响,可以控制我们的工作权限,给予或撤销对我们的提升,对我们能否成功地申请到其他部门工作产生决定作用的。毫无疑问,领导可以主宰我们职业生活的许多方面。

部属的压力

当领导感到下属工作能力不足、反应迟钝或不值得信赖时,会使领导担心有一天因为下属的无能而毁了自己的升迁,或者因为下属的不忠而拆了自己的台,使自己连现有的位置都保不住。

工作有关的压力

任何一个聪明的人,其才能都不可能在不断的压力之下进行最佳的发挥。当我们完成了一项任务后,应该允许有一个短暂的时间留给自己自由支配,以便调整自己的思维,进行下边的工作。我们还需要一些在确实处理完来往公函之后可以休闲的日子,以便梳理将要开始的工作,做一些必要的前期准备,这有利于很快进入工作状态中。这种短暂的间歇时间,对抗拒压力有着不可估量的价值。倘若没有属于自己的,可以静下心客观思考工作与生活方式的时间,我们会觉得自己有如掉入深渊,不能自拔。

工作的地点也是压力的来源。比如公司被他人接管、缩编、合并或工作指标过重等。所有这些压力都可能是致命的,因为这会使一些人丢掉饭碗,给人的情绪造成极度的压抑,甚至出现我们不愿看到的酗酒、虐待家人甚至自杀等现象。另外,工作过程中的噪音和混乱也是一种压力。

家庭成员带来的压力

来自家庭成员的压力并不比来自工作方面的压力轻,因此,家庭压力不容忽略。比如,丈夫或妻子与对方的性格或兴趣方面的冲突越来越激烈,孩子不把大人的教诲放在心上,甚至阳奉阴违等。另外,家庭突然出现不测风云,如家庭某个成员患疾病或伤残,这都会给人带来压力。

金钱的压力

如果一个人的生活一直处于拮据之中,无论怎样节俭,仍然难以维持正常的开支,或者家里突然出现一个需要花去很多医疗费的重病人,这种入不敷出的情况将会带来巨大的压力,常常把人推到无法承受的边缘。许多悲剧也因此发生。

另外,营养不良、环境不佳、身体欠佳等等,都是压力的来源。

预期性的压力

这一般是对未来过分忧虑而引起的,比如对还没有发生的事过分担忧或过于着急。消除这种预期压力的最好办法就是制定一个完善的未来计划,有了这个计划,只要遇事灵活应变、因势利导地去执行,就可以消除忧虑。即使意料中的事发生了,也有办法去从容应付。比如,担心自己年纪大了身体不好,将来可能需要一大笔医疗费,那就从现在起开始买保险吧,买了保险,这种担忧就彻底消除了。

现实压力

这是一种你必须面对并立即做出决定的直接压力。对待这种即时的威胁或挑战,我们该怎么办呢?最好的办法就是尽量放松自己,给自己鼓劲,告诉自己能应付得了,要让自己冷静,冷静,再冷静,还要充分相信自己的能力。

慢性压力

这类压力是长期积累而成的。比如失去亲人、重病缠身等。面对这种慢性压力,首先要在心理上认识它,并以坚忍不拔的毅力,一点一点地去处理。当然,这需要个人的耐力和一个攻克的计划,有时候也需要他人的帮助及支持。

过去的压力

这类压力通常都是过去已经发生过的,你无法也不愿将这些伤痕抹去。这实在是一种自讨苦吃的做法,过去的就让它过去,历史是谁也无法改写的,如果你老是耿耿于怀,势必使你旧的压力没去新的压力又来了,长此下去,必然产生枯竭感。

既然,人这一生处处都凸显着压力,我们就应该学会如何控制管理可能承受或正在承受的压力,也就是尽量把压力作用向好的方向转化。

压力并不是在前面等着我们去对抗的一个十分抢眼的目标,这需要你根据自己的背景和教养去觉察或者去认知它的存在,并根据不同情况攻克它。

2. 如何从职业压力中找到自我平衡

随着生活步调的加快,越来越多的人处于狂乱的状态中,当我们发现自己正处于压力的困境中时,就会发现导致这种情况的原因不是别的,而正是你自己选择的结果。当然也不排除因你无法控制并非你的原因所造成的困境,如果是这样的情形,你消除压力的难度就会更大一些。面对这种情况,许多两难困境的解决之道就在于和你内在的平衡点保持接触。

在人们传统的意识中,好像做所有的事都是因为习惯而做,而非因为需要而做。比如在公司,长期从事某项工作,我们便形成了习惯,时间久了不免产生厌烦的情绪,这时最有效的办法就是尽量减少重复工作中的某些细节。比如一次能完成的事,就不要去做三次,花尽量少的时间在无谓的工作上。

事业有成的人和事业无成的人最大的区别就在于,能否知道从失败中学习,并懂得控制压力,将压力转化为动力。比如你睡了七个小时,脑袋仍然昏昏沉沉的,怎么解决呢?你肯定会再多睡上一个小时。如果你在电脑跟前呆得时间长了,视线模糊,你怎么脱身呢?你应该尽快站起来,走到窗前呼吸一下新鲜空气,或者重新调整一下自己的座椅等。

综观成功人士,他们都是在不断地学习经验、总结经验,并从经验中不断积累属于自己的有效资料,以帮助自己实现所要达到的目标。所以,遇到压力,最好的方法是转移注意力,找到内心的平衡点,然后继续努力。

3. 在工作中缓解压力的措施

调节心理压力的关键是善待压力,所以教师在生活中应注意以下几个方面:

承认压力的存在

市场经济浪潮中,面临职场竞争,心理压力是无法避免的事实上,没有压力的人生是不可能的。只能承认压力的存在,才能做好抵抗压力的心理准备。

培养承受力

应该有意识地培养良好的性格,凡事要拿得起,放得下。持积极乐观的态度,当压力到来的时候,才不会大喜大悲。

要培养坚强的意志,乐观的心情,不要悲观、沮丧。

应该不断领悟市场经济的客观规律,人要适应环境,变压力为动力,而不要被压力打倒。

应该处理好人际关系。目前,广大教师面临子女教育、工作竞争、利益分配等诸多烦心事。这往往又会导致人际关系变坏甚至破裂。

找出缓解压力的办法

遇到困难和压力时,首先静下心来,寻找解决问题、缓解压力的方法。不要期望过高,否则无法实现会形成心理压力;如果目标经过积极努力能够实现,无论出现任何困难,都不要逃避。要学会缓解压力,使精力旺盛,心情愉快。

广泛的爱好

广泛的爱好可以增加人的活力,使生活生机勃勃。可以听音乐、钓鱼、绘画、集邮、打太极拳等。这些爱好可以舒缓压力,对身心健康非常有利。

适当运动

精神要靠人体的各种活动的养护,使人的内脏各器官功能保持兴奋状态,人才能精力充沛,有能力抵御压力的侵袭。

及时诊治

如果感到不舒服,我们应该及时赴医院诊治。另外,最好的心理医生是自己,经过一段时间的心理调节后,若效果不明显,或者心情还在恶化,应该走进心理咨询门诊,接受心理医师的治疗。

4. 工作过度会损害健康

紧张的工作节奏给现代教师带来了极大的伤害,有资料证明,工作过度容易引起"过劳死",工作过度的教师是在追逐死亡。

据统计,慢性疲劳在教师群众中高达 35%,健康状况很糟糕。引起慢性疲劳的原因是营养失衡和缺乏运动。

现代社会竞争激烈,工作任务重,许多教师长期牺牲休息时间,使身体长期处于超负荷运转的状态中,身心透支严重。休息时间得不到保障,疲劳得不到缓解,健康不断恶化。

导致这些状况发生的原因,是由于职业竞争越来越激烈。十几年前的人们以为未来科技进步会使人生活在悠闲的世界里,现在信息技术、电子技术的广泛应用,却加重了人们的工作负担。

"过劳死"与工作过度有关,应早发现、早预防。30左右岁的人大腹便便,很可能是高血脂、高血压、脂肪肝、心脑血管疾病的预兆。

脱发、鬓秃及早秃,是工作压力太大,工作过度引起的。30～40岁的人,排泄次数超过正常人,说明消化系统和性能力衰退,过早出现腰膝酸软、畏寒肢冷、性欲减退、做事经常后悔,易怒、烦躁、悲观、抑郁等,难以控制集中精力的能力减退。

经常头痛、耳鸣、目眩、烦闷。

经常失眠,睡眠质量下降,醒后仍感到疲倦。

中年时期是人生的重要时期。大多数教师处于中年时期,承受着来自各方面的压力,中年时期是慢性疾病的多发时期。

人的衰老具有阶段性特征,出现提前老化的现象,称为早衰。例如,有些教师看上去像60岁了,其实刚还不到50岁。

长期工作过度,损耗体力而得不到恢复,促使重要器官的提前衰老。

需要注意的是,每天无所事事,缺少运动,血脉不畅,肺活量减少,大脑会出现废用性萎缩,同样加速衰老。

许多教师,特别是进取心强的教师,只知道生活节俭、工作勤奋而不注重健康,再加上强烈的责任感,长时间超负荷工作,导致心力交瘁,最终积劳成疾。

学校教师应重视保健工作,以防止工作过度现象对身体的伤害。

5. 在工作中缓解疲劳的科学方法

疲劳指的是人在劳动或活动的过程中,因为能量的消耗而造成身体疲乏、劳累、体力减退等生理、心理症状。疲劳是人体为避免受到损害而出现的自然保护反应。

许多人说疲劳主要是因为市场竞争太激烈了,工作任务重,人与人之间勾心斗角,心理压力大引起的,只需休息一段时间就能好。

然而,现代医学研究证明引起慢性疲劳的因素有很多。工作任务重,精神压力大是十分重要的因素,但还有其他因素。比如环境污染,营养不良,病毒感染,生理疾病,寄生虫感染等都是重要的原因,这些因素还能相互影响。

现代医学证明,慢性疲劳患者的免疫系统、神经系统、内分泌系统等都存在着病变。慢性疲劳患者的健康已经受到了严重威胁。其身体就像蓄电池电力不足、发动机毛病大的汽车。休息就像充电一样,但没有修复机体的故障,人体仍然不能恢复正常。一部分人可能会随着长期的休息而自愈,一部分人则在健康与疾病之间反复循环,一部分人则走向死亡。

慢性疲劳还是癌症、肝炎、风湿等疾病的早期症状。

那些长期感到疲劳的教师千万不要把"累"不当一回事,要趁早休息、就医。现代生活节奏快,更需要教师群体珍惜健康。

如何消除疲劳呢?疲劳分为心理疲劳和生理疲劳两大类。生理疲劳主要是肌肉疲劳和神经系统疲劳,当生理疲劳时,人体动作失调,姿势不正确,视力模糊和浑身无力。心理疲劳主要是思维迟钝、反应迟缓、注意力不集中、心情焦躁、焦虑等。心理疲劳是因为在工作和生活中不尽如意,丧失自信而造成的。

消除心理疲劳应该对症治疗,因人而异,加强心理保健,主要靠心理调适,严重时采取心理治疗方法。

消除生理疲劳的方法有很多,比如肌肉放松法:体力劳动过后,应该充分休息,拍打按摩疲劳的部位。按摩部分以四肢关节、肌肉及腰背部为主,反复按摩负荷量大的部位。在大肌肉群部位,开始轻轻推摩,再揉捏,加重推摩、按压及扣打等辅助手法。

再如,饮食法:吃富含蛋白质、脂肪和 B 族维生素丰富的食物。这些食物有豆腐、牛奶、鱼肉类,能够有效预防疲劳过早出现。多吃水果、蔬菜,多喝水,有利于消除疲劳。

躺下来睡觉,一觉醒来倦意全消。听音乐、练书法、绘画、散步等,都有利于消除生理疲劳。

脑力疲劳是指长时间静坐伏案、用脑过度、用脑时间太长而引起头昏脑涨、记忆力下降、注意力分散等症状。脑力劳动者身体活动较少,各器官缺乏活动,器官功能逐渐减退,容易患各种疾病,尤其对心血管系统和呼吸系统十分不利。

脑力疲劳应该通过适度的体育运动、体力劳动、健身活动等方式,来调整和消除。如果仍然强制大脑工作,不利于提高工作效率,会加重心理疲劳,使脑细胞受到损伤,阻止大脑功能的恢复。应该注意休息,加强锻炼,参加文体娱乐活动。

心理疲劳不能滥用镇静剂、安眠药等,要找到引起忧郁的原因,寻求解脱,使心理恢复健康。

如果是病理疲劳,应赴医院诊治。

6. 在生活中减轻压力的应对策略

压力并非不可清除。在多数情况下,可以通过采取以下的行动把压力从你的生活中赶走。

增加物质资源

通过增加资源可以减轻负担。这意味着装备或物质的增加,比如,增加一台电脑也许会减少你工作上手工劳动的一些压力,使工作效率提高。

减轻压力等级

重新安排你的家庭或工作环境将会减轻你的压力等级。你可以改善办公桌椅的位置,与家人分担家务,或接受商品配送服务,这会减轻你的生活负担。开敞式布局的办公室特别容易分散注意力,尤其是当工作需要高度集中精力的时候。找到一个安静的地方意味着一项通常需要好几天才能完成的报告可以在较短的时间内完成,而且质量也能提高。

也许你打算在家里做那些特别复杂的工作!这不仅能为你节省花在路上的时间,而且会较少受到打扰。或者,试着预定一间会议室或空闲的办公室。

避开某些压力源

躲避压力源将是脱离令人不满意的工作、尴尬的人际关系及较差的生活条件所带来的无可忍受的压迫感的一种最好的方法。你可能需要在生活中避开某些令你感到有压力的人,这会使你有所放松。与此同时,你也可以试着改变自己的行为方式,诸如感觉到自己会冲动时做一分钟的深呼吸,以使自己冷静下来,如此等等。

当然,躲避压力源并不能够将它的影响完全消除,但它确实是一种暂时缓解压力的最有效、最方便的方法。避开压力源可以使你安然度过一段不太长的时间,但很少能成为一劳永逸的解决之道。这样一来,你可能将不得不应付压力带来的潜在影响。因此,试图找出根源对问题加以根本解决显得至关重要。例如,如果发现做陈述是一件令你感到有压力的事,你很可能会试图摆脱它。然而,从长期来说,仔细思考到底是什么使你在做陈述时感到焦虑不安,并试着解决这些潜在的因素,这将是更有意义、更值得去做的事情。

减少引发压力的原因

通过减少压力源的数量,我们就可以消除它所带来的影响。例如,

通过削减花在开会上的时间,你可以将工作中这个最主要的压力源消除。回顾一下自己三个月来的记事录,思考一下你所参加的会议,问问自己这些会议是否都必须参加,是否可以让下属代替去参加?会议是否开得有效果?

冗长的上下班乘车时间也是常见的压力源。设想下面这种情况:一个工人每天乘车到城市中心工作,他需要每天早上6:20出发上班,而下班回到家里的时间已经是晚上9点之后了。其中每天花在路上的行程都在一个半小时以下。这使他感到疲惫不堪,产生了各种不同的压力症状。

原本拥有的在郊区有一套属于自己房子的快乐被每天不得不到市中心上下班的压力而无情地打破了,于是他又不得不把家搬回市中心,沉重的上下班路途的压力促使他做出了一个他永远也不会后悔的决定。

应对压力的办法

(1)一次只担心一件事情。女人的焦虑往往超过男人。哈佛大学的研究人员对166对夫妇进行了6个星期的研究,发现了因为女人们更爱方方面面地考虑问题,所以女人们比男人更经常感到压力。她会考虑自己的工作、体重,还有每个家庭成员的健康等等。

(2)每天集中精力几分钟。比如现在的工作就是把这份报告打好,其他的事情一概抛在脑后,不去想。在工作的间隙,你也可以花上20分钟的时间放松一下,仅仅是散步而不考虑你的工作,仅仅专注于你周围的一切,比如你看见什么,听见什么,感觉到什么,闻到什么气味等等。

(3)说出或写出你的担忧。记日记,或与朋友一起谈一谈,至少你不会感觉孤独而且无助。美国的医学专家曾经对一些患有风湿性关节炎或气喘的人进行分组,一组人用敷衍的方式记录他们每天做的事情。另外的一组被要求每天认真地写日记,包括他们的恐惧和疼痛。结果研究人员发现:后一组的人很少因为自己的病而感到担忧和焦虑。

(4)不管你有多忙碌,一定要锻炼。研究人员发现在经过30分钟

的踏脚踏车的锻炼后,被测试者的压力水平下降了25%。上健身房,快走30分钟,或者在起床时进行一些伸展练习都行。

(5)享受按摩的乐趣。不只是传统的全身按摩,还包括足底按摩,修指甲或美容,这些都能让你的精神松弛下来。

(6)放慢说话的速度。也许你每天的桌上摆满了要看的文件,你的右手在接听电话,左手还要翻看资料。你要应付形形色色的人,说各种各样的话。那么你一定要记住,尽量保持乐观的态度,放慢你的速度。

(7)不要太严肃。不妨和朋友一起说个小笑话,大家哈哈一笑,气氛活跃了,自己也放松了。事实上,笑不仅能减轻紧张,还有增进人体免疫力的功能。

(8)不要让否定的声音围绕自己,而把自己逼疯。老板也许会说你这不行那不行,实际上自己也是有着许多优点的,只是老板没发现而已。

(9)让自己彻底放松一天。读一篇小说,唱歌,啜茶,或者干脆什么也不干,坐在窗前发呆。这时候关键是你内心的体味,一种宁静,一种放松。

(10)至少记住今天发生的一件好事情。不管你今天多辛苦,多不高兴,回到家里,都应该把今天的一件好事情同家人分享。

(11)腹式呼吸:深呼吸,而且动作愈慢愈好,吸气时肚子会慢慢胀起来,憋住5秒才呼出,吐气时肚子再慢慢沉下去,如此重复几次。这是东西方共同的舒压方式,气功、瑜伽等都是用这种腹式呼吸法。

(12)舌顶上颚:找时间将自己的身心尽量放轻松,从喉咙、心、胃往下想到丹田里,即所谓的意守丹田,盘坐或躺着都可以,主要就是全身放松,尤其是肩膀,要想办法把所有的压力都卸下来。

(13)泡脚:通常我们的脚底都会累积很多酸性物质,利用泡脚的方式不但可以打通气血经络,消除酸痛,还能延年强身。除了饭前、饭后不宜泡脚外,不分季节,老人、小孩、孕妇、生病的人都适用。

保持乐观心态

压力和紧张感,主要都是来自我们的心理作用。所以,试着改变自己的心态很重要。每天把自己打扮得美美的再出门……心情偶尔阴沉没关系,要相信明天太阳还依然会升起,保持乐观的态度,许多事情并没你想得那么严重!

为压力做准备

工作中的压力触发点是显而易见的,但是很难对毫无经验的人解释为什么要在起步时期用高压手段训练教师,维持团队的紧张气氛。当新教师做好工作准备时候,控制压力就变得非常重要,以至于受过专门培训的压力专家要和经理商议如何监督、控制教师及其家人的压力水平。得知老家家庭成员得到了很好的照顾对在城市中工作的打工族来说是个巨大的安慰,所以每支团队都要担负起建立家庭慰问队的责任,帮助教师缓解压力。这些努力有助于控制经常出差教师的压力,而且能跟教师的家人一起防止他们在外出现差错。

为了降低压力,教师要了解他们的战斗任务,知道自己将在多长时间内离开家,会在怎样的条件下工作和生活,并熟悉业务的详细情况。教师的家人也会得知他们的亲人在公司的情况。有的公司还为全体教师的家人提供额外的医疗服务,解决遗留问题,提供法律援助,告诉每个人都可以立遗嘱、聘请律师,并帮助他们处理其他一些问题,以免教师和他们的家人心慌意乱。一有机会,教师就会有额外假期与家人团聚。每个家庭都将获得咨询服务,使每个人都做好准备并逐渐适应他们加班不回家的情况。

有些人能很好地应付这些压力,而另一些人则无法做到。很多人把这种情境当成一个困难或生活中的不便之处,而另一些人则一下就被压垮了,并认为这种情境不可能改变。因此,预先对压力反应做出判断是非常重要的。如果压力得到了控制,或被最大限度地降低了,教师们以良好的态度进入工作状态,就更容易创造佳绩。在学习如何最大限度地控制压力之前,很重要的一点是了解什么是压力触发点。教师们会遭遇到各种类型的压力,使他们坚持下去的是他们面对这一切的态度。

7. 用理性的思维应对压力

在与领导的交往中,你难以避免地有时处于失利境地。或者领导对你工作态度不满;或者领导对你的薪资承诺不予兑现;或者我们把他交给自己的事情搞砸了;或者领导扣除了这个月的奖金;或者因为其他种种事情引起自己与领导之间的摩擦,等等。总之,自己感觉压力非常大,这种压力足以使人身心俱疲。

祛除压力的第一个最有效的解决方案,就是向领导暗喻。暗喻是指巧妙地和领导沟通,以获取自己的良好行为在他心目中的反馈,从而便于自己适时地调整工作状态。但生活中并不是随处都可找到贴切的方法,所以尺度的把握至关重要。最起码也要为自己申辩,以求找到解决问题的途径。如果埋在心底的郁愤,长久得不到问题的解决办法,那么不良的情绪会导致我们对工作的厌憎和人事关系的淡漠。这对个人的发展是极为不利的。

第二个办法是:我们可以把工作中的压力告诉自己的好朋友,把沮丧情绪倾吐出来。在诉说当中,获得他们的理解和支持,也就有了一种发泄后的快感。

第三,改换工作环境。身边常听到有这样的事:某人在公司任职,工作勤恳敬业,却很难得到领导的认同,甚至还会遭到其蛮横地对待,很难想象他在这样的环境中能有什么创造性的发展。在这种情况下,我们听到更多的结果是这个人选择离开。"天生我材必有用",通过跳槽,换一种新的工作环境,压力自然会随着自我能力的体现而瓦解。因为自信不仅来源于自身的才能,更来自生活和工作中领导、同事的认可。

第四种选择,就是当我们得不到重用和信任时,可以对自己下达一个富有挑战性的目标,与其沮丧颓废,不如努力使自己在逆境中成才。当你掌握和熟悉了公司所有的技术和运作方法之后,没有谁可以阻止我们自我的选择,我们将成为一个真正能够炒领导鱿鱼的人。"卧薪尝胆",敢于奋发图强,或许在我们的能力迅速提升之时,我们的领导早已对自己刮目相看,彻底改变了他对我们的看法。

在现实生活中,不管我们面对哪种情况,都不能由于来自领导的压力而使自己沮丧颓废,失去对自己、对未来的信心。要机敏、灵活地分析自己所处环境,给自己的出路作一番规划。任何时候都不能有发怒、谩骂、压制、消极的心理,那样对事对己都无益。我们只有用自己的理性思维才能获得自尊的人生。

8. 以宽宏大量缓解心理压力

在现实生活中,有些领导对人对事总抱有一种固定不变的看法。别人迟到,他不声不响,可我们迟到了,他就瞪眼。这是一种思想认识上的偏见,是思维定势的一种表现。对于这种由成见形成的压力,我们应该以宽宏大量的胸怀去应对。

扪心自问找原因

成见不是一朝一夕产生的,也不是平白无故就有的。对人有成见,往往也不是对各个方面都看不惯,通常只是一个方面,或在能力上、或在工作态度上、或在生活作风上等。一旦发觉领导对我们有成见,首先就要扪心自问:那到底是什么成见?他为什么会有成见?然后再考虑相应的对策。如果那种成见对我们无关紧要,也就不要放在心里,即使对我们有较大的影响,也不要烦恼和急躁。

领导对我们有成见是不对的,但有成见不能全怪别人,恐怕与自己的某些言行也有关系,特别与领导最初的接触中留下了不好的第一印象密切相关。如果自己确实也有责任,那么,要消除领导的成见,就要先从

克服自己的不足入手。

缄口不语勿张扬

领导到底对自己有没有成见,这是一个很难说清的问题,只能凭感觉,要拿出证据来比较困难。即使自己认为是证据,别人也会觉得事情本来就应该是这样,是自己的神经过于敏感。

因此,我们发觉领导对自己有成见后,不要声张。本来,领导对自己有成见,只是个人的感觉,别人不一定知道,如果自己一张扬,别人就都知道了,有些人说不定还会幸灾乐祸呢。自己到处张扬,一旦领导知道,他自然恼火,很有可能成见更深。如果不是特别大的成见,不妨缄口不语,用沉默对待。时间一长,领导对自身的成见说不定就慢慢消除了。

我行我素佯作傻

郑板桥的"难得糊涂",如果运用恰当的话,实在是为人处世方面的一个重要策略。有些人处境尴尬,与领导相处不融洽,并不是水平不高和能力不强,而是自己太聪明、太清楚,什么事都明明白白,"聪明反被聪明误"。

领导对自己有成见,如果不会对自己的前途有多大的影响,或者只是轻微的,那就不妨我行我素。我们当作不知道,当作没成见,以前怎样现在依然怎样,爱下棋就继续下棋、爱开玩笑就照样开开玩笑,不喜欢讨好巴结就不要去奉承迎合。有些事情,自己不在意,人家也就无所谓;自己越是在意,人家也就真把它当作一回事了。关键时刻显本色,成见的形成有一个过程,要让领导抛掉成见不是很容易的事,但也不是说无计可施了。最好的办法就是抓住适当的机遇,在关键时刻露一手,以一种全新的姿态,让大家和领导刮目相看,从而明白自己到底是怎么样一个人。比如领导一直以为自己做事不够尽心,马虎粗糙,纰漏较多,原因是自己一开始时做过一件不够细心的事。

现在,有一桩比较复杂的清理资料工作要我们做。这是一堆很多很杂的资料,且多年没人管了,里面全是灰尘和蛛网,清理起来颇费时间和精力。

为了消除领导对自己的成见,我们必须花大力气,用十分认真的态度来清理,争取做得井井有条。如果你认为反正领导对自己有成见,再做得好也是白搭,索性就应付搪塞,那就永远也不可能消除领导对自己的成见。

祛除压力需要宽阔的心胸和一定的技巧,我们只有平时加强学习和道德方面的修炼,才能达到这种境界。

9.压力的来源及减缓对策

现代人的生活步调快,得失之间也变得鲜明无比,加上人际间竞争的复杂化,若稍有心理调适不当或外在支持无法配合,就会对自己形成巨大压力。

某些特质的工作易引起较大压力

(1)具有时间压迫性及人际竞争性的工作,如业务工作及定期有业绩会报工作者。

(2)需频繁调动工作地点及内容的工作,不断地适应新环境及新同事会造成很大的生活压力。

(3)缺乏同事伙伴的工作环境,压力及责任较少有人可以共同承担,一旦有事,只能独自承受,压力难以排解。

(4)缺乏社会认同感、社会价值观评价较差等级的工作,也易导致长期缺乏自我认同感、成就感,以及缺少满足心理上需求,这也包括工作前瞻性等因素。

(5)作息不正常的工作,如轮班、熬夜、时差多等工作,容易影响生理时钟,造成内在失调,相对的危险性也会增高许多。

其实从更广的角度来检视,上班族群承受的压力来源除了外在工作本身,其自身认知系统如何去看待压力与处理压力才是情绪失调与忧郁挫折的关键因素。

压力来源的类型

(1)自我人格特质:易焦虑、紧张、要求完美、缺乏弹性的人,容易感受到职场上较多的压力。

(2)支持系统强度:缺乏工作同事或领导体恤、家庭和谐与支持力量强弱、其他社交网络多寡与否,都将会威胁情绪,并有决定性的影响。

(3)压力累积频度:这指的是在某一段时间内累积的总压力事件,举例来说,若一个人在同一周内被降职,更换工作地点,加上身体微恙,老婆生产,小孩同时出车祸,可想而知在单位时间内的压力强度。

做好职场压力管理,自然就没有机会让忧郁症成为自身的苦痛。

职场减压原则

(1)了解自己优缺点,修正不合宜的自我特质。

(2)设定"合理"的工作及人生目标,要求完美大多只会失败。

(3)以开阔、弹性的角度来看待人生中的挑战,危机也许会变成转机。

(4)建立自己足够的身心备转容量,以备不时之需。

(5)把压力说出来、唱出来、写下来,这就是减压治疗,心理倾吐、歌唱减压、写作治疗都是流行又有效的心灵疗法。

二十一世纪里,忧郁症是最让人值得关注的疾病之一,可是大家千万别怕!职场压力虽然大如战场,但若能做好情绪及压力管理的功夫,你绝对能远离忧郁症!

10.从压力中获得精神超越

自我的人生价值和角色定位、人生主要目标的设定等等,简单地说就是:自己准备做一个什么样的人,自己的人生准备达成哪些目标。这些看似与具体压力无关的东西其实对我们的影响却总是十分巨大,对很多压力的反思最后往往都要归结到这个方面。卡耐基说:"我非常相信,这是获得心理平静的最大秘密——要有正确的价值观念。只要我们能定出一种个人的标准来——就是和我们的生活比起来,什么样的事情才值得的标准,我们的忧虑有50%可以立刻消除。"

理性反思

理性反思,积极进行自我对话和反省。我们可以经常问自己:"如果没做成又如何?"这样的想法并非找借口,而是一种有效疏解压力的方式。但如果本身个性较容易趋向于逃避,则应该要求自己以较积极的态度面对压力,告诉自己,适度的压力能够帮助自我成长。

同时,记压力日记也是一种简单有效的理性反思方法。它可以帮助我们确定是什么刺激引起了压力,通过检查我们自己记的日记,我们可以发现自己是怎么应对压力的。

建立平衡

我们要主动管理自己的情绪,注重业余生活,不要把工作上的压力带回家。留出休整的空间:与他人共享时光、交谈、倾诉、阅读、冥想、听音乐、处理家务、参与体力劳动都是获得内心安宁的绝好方式,选择适宜的运动,锻炼忍耐力、灵敏度或体力……持之以恒地交替应用自己喜爱的方式并建立理性的习惯,逐渐体会它对我们身心的裨益。

我们要自己安排本身的事,工作压力的产生往往与时间的紧张感相生相伴,总是觉得很多事情十分紧迫,时间不够用。在进行时间安排时,应权衡各种事情的优先顺序,要学会"弹钢琴"。对工作要有前瞻能力,把重要但不一定紧急的事放到首位,防患于未然,如果总是忙于救火,那将使我们的工作永远处于被动之中。

加强沟通

平时要积极改善人际关系,特别是要加强与上级、同事及下属的沟通,要随时切记,压力过大时要寻求主管的协助,不要试图一个人就把所有压力承担下来。同时在压力到来时,还可主动寻求心理援助,如与家人朋友倾诉交流、进行心理咨询等方式来积极应对。

提升能力

既然压力的来源是自身对事物的不熟悉、不确定感,或是对于目标的达成感到力不从心所致,那么,疏解压力最直接有效的方法,便是去了解、掌握状况,并且设法提升自身的能力。通过自学、参加培训等途径,一旦"会了"、"熟了"、"清楚了",压力自然就会减低、消除,可见压力并不是一件可怕的事。逃避之所以不能疏解压力,则是因为本身的能力并未提升,使得既有的压力依旧存在,强度也未减弱。

活在今天

压力,其实都有一个相同的特质,就是突出表现在对明天和将来的焦虑和担心。而要应对压力,我们首要做的事情不是去观望遥远的将来,而是去做手边的清晰之事,因为为明日做好准备的最佳办法就是集中所有的智慧、热忱,把今天的工作做得尽善尽美。

日常减压

以下是帮助我们在日常生活中减轻压力的几种具体方法,简单方便,经常运用可以起到很好的效果:

(1)早睡早起。在家人醒来前一小时起床,做好一天的准备工作。

(2)同你的家人和同事共同分享工作的快乐。

(3)一天中要多休息,从而使头脑清醒,呼吸通畅。

(4)利用空闲时间锻炼身体。

(5)不要急切地、过多地表现自己。

(6)提醒自己任何事不可能都是尽善尽美的。

(7)生活中的顾虑不要太多。

(8)培养豁达的心胸。

11. 用微笑面对压力

尽管我们对自己、对别人都常用万事如意来表示祝福,但世上真正总能遂人意的事却很少,尤其是在职场上,不知道什么时候领导的一把怒火就会烧到自己的身上。那么,此时又如何面对如此大的压力呢?

任何人都不是完美的,因而存在各种缺陷是在情理之中的。所以,我们不必对领导求全责备,也不必对自己求全责备。当面对大发雷霆的领导时,何不试着对他微笑呢?

对领导微笑是调理上下级关系的润滑剂。没有什么比微笑更能传达一个人对周围事物的反应。也许微笑并不是解决问题的根本,但有可能领导受到了感染也会心神愉悦,对于我们来说,也就打开了一扇大门,或许就只是因为这个最简单的微笑,而使事情变得简单化,同时幸运之神也悄然地来到了面前。

微笑在工作中必不可少。每天对自己微笑是对自己最高的奖励,生活不但因为有了真诚而变得美好,更因为微笑而灿烂,尤其是发自内心的微笑更是有着无穷的魅力。因此,当你面对不满和愤怒的时候,不妨露出真诚的微笑,去倾听对方的苦恼和愤怒,这如同用和风细雨去面对干枯的土地一样,不仅可以化解危机,而且还可为自己赢得机会,获得他人发自内心深处的尊重。

面对领导的愤怒,不妨站到他的角度去思考、去分析,首先想到也许真的是自己错了,应该向领导道歉,应该真诚地接受批评和指导。当自己用豁达、谦诚和歉意的微笑面对他时,相信他也有着和自己一样的情感,也会如我们理解他一样。他自然也会从自己的角度转换到我们所处的环境中来,察觉到我们的不易。

由此可见,解决问题需要的是方法,而不是"以其人之道还治其人

之身",当愤怒对抗不了愤怒时,何必硬撑到底?给对方一个微笑,或许就能够化真正干戈为玉帛。一个优秀的领导应是颇具大度胸怀的,虽然他可能会因一时的不察而愤怒,但他会因为我们真诚的微笑而逐渐熄灭怒火,并在心目中树起对我们宽厚处世的尊重和赏识的信心,这就是我们事业与人格的双赢。

自信而坦荡的微笑,是我们获得良好人际关系的通行证,也是你化解压力的减压阀。

12. 如何提高"裁员免疫力"

裁员不可避免,但却可以通过一些措施使自己离裁员的危险远一点。以下是职场专家给出的五点提示:

提高"能见度"

一些教师相信保住职位的最好办法就是努力工作。他们容易只是埋头拉车,不抬头看路——这是危险的。哗众取宠当然不足取,但有的时候提高自己的"能见度",引起别人的注意将会对你在职场上的发展有所帮助。将分内的工作干得出色,但同时还要确信别人也认识到你的才能。定期向领导汇报工作,评估你的业绩和工作进展,这种时候不妨表现一番。搞好内部关系,让别人知道并认可你的业绩。

成为"多面手"

学校对于有多方面才干的教师自然是另眼相看,如果你是一个多面手,你对于学校来说就更有价值。因此,在工作中要加强横向学习,对于其他部门的工作要加以留意,在有需要的时候主动提供帮助。积极主动的工作将会为你在学校内部赢得好的名声,而不仅仅局限在自己部门的小天地里。

使自己保持忙碌状态

在很多情况下,如果学校的运作速度放慢,下一步很可能就要进行裁员了。在这种时候要格外小心,如果你表现出对工作的厌倦,或是觉得什么也没干照样得报酬,那么你很可能会成为裁员的对象。即使你的项目的实施放慢了,也要积极主动去发现需要解决的新问题。实在没事干可以整理文档,在这一过程中理清思路,提出新的创意和项目。总之,要使自己处于忙碌状态。

让学校上层听到自己的声音

许多教师希望并祈祷在裁员中保住他们的职位,但却不向学校上层说出他们的忠心和愿望。可以试着让学校某位上层人物知道,无论情况怎样变化,你对学校都是忠心耿耿的。这样做可能不会有什么特别的效果,但至少可以使你比那些不敢开口的人处于更有利的地位。

以开放的态度应对变化

当裁员来临时,学校里的许多事情都会发生变化,职责在变化,部门在调整……这些都会造成士气下降、抱怨增加。要以开放的态度应对变化,并将每一次变化都看作是一次机会,保持积极的态度。

虽然永远避开裁员是不可能的,但在学校里的表现会影响到你的未来。即使真的遇到裁员,也要与学校保持良好的关系,并以积极的态度有尊严地离开。因为许多学校的裁员都是短期行为,一旦再次走上正轨,它们又要重新招聘教师。如果你工作积极又有才干,何愁学校不会再次找到你呢?

13. 怎样通过合群减轻压力

现代社会的很多工作都需要同事之间配合,打团体战,不善于与人交往的职员往往不善于与人合作,只能单打独斗,不能利用别人的资源,因此完成相同的工作，付出的努力和压力就要比其他同事大得多。

　　工作中的合群性是与一个人是否从小过集体生活、是否学到过怎样与人沟通有关。不善于与人沟通的职员往往从小就比较孤僻，家庭环境中沟通比较少，从未真正学会与人交往的艺术。这样的职员到了工作岗位，就会把在家庭中缺乏沟通的状态带到工作中，总是希望别人主动接近自己，自己却不会主动与人交流，时间长了，同事觉得他"不爱说话"，也就逐渐放弃了与他的交往，这时他又会感到被排挤，感到孤独，心理压力就会增大。

　　不善于与人交往的教师往往有以自我为中心的特点。这并不是说他们愿意这样，有很多人也很渴望能像那些交际明星一样"会说话"，但是长期的封闭，使他们不了解别人的心理和情感，说起话来往往只能从自己的角度出发，这就使他们很难与别人建立真正良好的人际关系，而只能感到"我巴结别人还巴结不上"，并陷于尴尬的境地。

　　不善与人交往的教师在职场中经常会感到被伤害。他们往往非常敏感，带着个人未处理好的情结来到职场，希望别人像呵护温室里的花朵一样呵护他。但这种期望是不现实的，他们一旦在人际关系上碰壁，就会更加退缩，还会感到别人伤害了他。其实别人可能没有故意伤害他，只是他自己不接纳自己，从而感到别人也不接纳他，时间长了，就没有人愿意和他交往，这也是让他感到有"压力"的原因之一。

　　那么，不善于人际交往的职员怎样做才能减轻压力呢？首先在人际交往面前不要逃避和退缩，要从生活中的点点滴滴学习人际交往的方法和技巧。其次，在交往中不要对自己有完美主义的要求，不要太在意别人的看法。当你真正放松下来，你就会发现，别人很喜欢跟你交往，工作压力也会减轻。

第三章

教师的和谐心理调适

1. 适应本职工作的心理调整

适应本职工作，需要一个比较长的心理调整过程。这种调整，除了对工作的适应性调整外，还有对工作中的同事的心理调整。换句话说，就是要用宽容的心态去待人处世，而且要体谅，宽容身边的每一个人。在人际交往中，我们总希望彼此间多些宽容，这种宽容，在很大程度上就是善于体谅别人。

体谅别人有两种情况：其一是由人及己，就是假使自己去充当别人的角色可能遭遇什么样的难处和苦处，自己的忧乐便是别人之忧乐。转换角色中，我们懂得了尊重别人，也谅解了别人的过关。其二是由己及人，就是自己曾经和正在面临的窘境和麻烦所带来的困惑和苦楚，可能也正是别人身陷类似境遇的类似感受。角色类比中，我们学着扶一把将倒的人，帮一把不好意思伸手的人，也理解了别人的失误和失态。

体谅别人，设身处地地体察到了别人说出口的难处和苦衷，也许我们只是默默地倾听别人的宣泄，或只是同样默默深情地双目注视，真挚地两手相握，静默中给别人的安慰和鼓励便是对方最好的期待。我们都有这种经历，给朋友打电话，找朋友聊天，给朋友写信，没有什么非说不可的话，但是就想说就想写，说完了就觉得高兴多了轻松多了，体谅别人，将心比心地感受到了别人挣扎时的痛苦艰难，也许我们只是表示轻轻赞同和支持，或者仅仅是淡淡的欣赏，但无语的靠近和抚慰便是最大的豁达与关爱。体谅别人，是无距离的诚挚，是有距离的通达。

广而言之，任何人身上都有缺陷，同样与自己交往的任何人都会有不足，对别人的缺陷和不足的体谅，其实正是对别人报以善意的包容和肯定。而只有充分地包容，肯定别人，自己才有可能与人善处，也才能使自己在相处中得到关怀和帮助。

但是在人际交往中,要做到三人行,必有我朋,仅仅有宽广的心胸,体谅别人是不够的,我们还应该学会与人为乐。

所谓与人为乐,就是在人际交往中,自觉以善意的态度,友好的言行,着意营造和谐美好的交际氛围,让交际对象感到愉快欢乐,把交际活动引向深入。心理学认为,人际之间存在着一种互动、互惠心理倾向。也就是说,你以什么样的言行态度对人,对方也会以同样的言行态度对你。如果我们懂得与人为乐,以友好言行待人处事,那么就会换取对方同样的情感回报。换言之,与人友好会赢得友好,与人为乐会收获欢乐,使彼此都产生三人行,必有我朋的感觉。

然而,在现实生活中,有些人似乎忽略了这个问题,结果把交际气氛搞得十分紧张,甚至不欢而散。久而久之,他们也就成了不受欢迎的孤家寡人。这实在是可悲的事情。

2. 在工作中如何获得他人的尊重

每个人都期望在社会活动中能获得他人的尊重。常言道:要想得到别人的尊重,先得自己尊重自己。这里为你推荐的是要获得尊重所该做到的几点。

(1)及时完成各种计划。对于预定的计划,不管是工作、学习方面的还是家庭生活方面的,都应该力求及时完成,这是起码的要求。

(2)临危不乱。每个求上进的人都会在生活中遇到人为和客观阻碍的考验。要让别人感到即便是在最困难与危急的关头,自己仍然是个有理智、充满自信、勇于克服困难的人。

(3)保持风度。如果有人恶语中伤,我们可以告诉他这样做并不表明他比别人强。

(4)守时。不管是对事先的约会或是其他的邀请,都应守时、守信。

因为没有人在心里会喜欢迟到而又借助原因道歉的人。

(5)不要张扬自己的缺点。自己有哪些不足应有自知之明,并力求改正。

(6)主动和人言归于好。如果与同事、邻居和朋友等有了隔阂,应该主动、真诚地去消除它,这样做会使人觉得我们是一个心胸宽阔的人。

(7)要注意别人的谈话。作为听者在他人对你谈话时,要认真地听讲。也许我们对他的话不大感兴趣,但可以试着从对方的表情去了解自己应该了解的,或者在适当的时候发表观点,以避开话题。

(8)家庭整洁。经常保持家庭的整洁,会给人留下好的印象,同时也会明净自己的心境。

(9)主动帮助邻居。左邻右舍有着姐妹般的关系。不管谁家有了困难,都应伸出温暖之手,互相照应,使长期一起相处的环境充满友爱与生机。

(10)保持良好的仪表。衣着整洁、待人和气,会使人觉得我们充满新鲜与朝气,乐意与我们交往,并且会有一种内在的自然和安全感。

3. 与人为乐,共图发展

与人为乐,和谐相处,是我们创造美好人生的基础。有些人不能与人为乐,并非有意而为,而是他们不懂得人际关系的重要性。这些人通常所处的家庭环境较好,生活一帆风顺,没有遇到过什么坎坷,于是便以为离开谁都可以过。所以较少考虑自己的行为对于人际关系的影响,很少在如何为人处世的方法上动脑筋。对于这些人来说,首先应从思想认识上解决问题。要懂得人与人之间是一种平等的相互依存的关系。一个人本领再大也不能离开其他人而生存。人们正是在这种相互联系中生活,在相互帮助中发展。如果弄清了这一点,就会把建立良好人际关系当成一种追求,把友谊当成一笔可贵的财富,加倍珍惜,把维护良好的人际关系看成是一种义务和责任,看成是人生的一大乐趣。这时,人们的思想必然变得豁达,境界变得高尚,在与人交往时,就能自觉把握自己的言行态度,以微笑面对生活,努力追求与人为乐的言行效果。

4. 以感激之心待人

在工作中,我们每个人都会遇到很多困难和挫折,这时若有人能帮助我们,当然我们要以感激之心待之;但若有人做了对不起我们的事,我们也应宽容待之。世无完人,每个人都有优点和缺点,长处和短处。如果我们看别人缺点问题多,盯住不放,就会产生厌恶之情,自己的言行必然流露出不满和刺激;假如我们看人家的优点长处多,就会感到对方有一种吸引力,由衷地表现出亲切感,言行就会表现得和善而友好,所以,要端正思想,学会全面看人,尤其要多看看他人的长处、优点,多看看自己的差距不足。对于同事、朋友则应多想想人家对自己的好处、帮助或恩惠。事实上,不管是家人、朋友还是同事,大家在一起生活、工作,他人或多或少地都曾给过自己帮助,对自己都可能有过恩惠。我们多想想这种情分,念念不忘,感激之情就会油然而生,从内心觉得对方可敬可爱,自己的言行态度也就会变得友好和善起来。

5. 善于自我控制和调整

俗话说,不如意事常八九。一旦遇到不顺心的事情,人们心情不好是正常的,但是切不可把这种不良情绪带到交际中去,更不要无端地撒在他人身上。要加强思想性格的修养,善于对坏心情进行自我约束和控制。从某种意义上说,能否对自己的情绪进行自我控制和调整是一种交际能力。有一位经理过去脾气很坏,遭遇不顺时立即就会发出来,有时甚至拿下级出气,搞得人人自危,不敢接近他,有时本来很欢乐的场面,他一出现大家立即噤若寒蝉。后来,他意识到自己的问题,决心加强修养,努力克服自己的坏脾气,试着以微笑对人。这样一来,他在人们心目中也变得可爱了许多。有一次因生意失误,造成很大损失,他的心情不好。这时,正好有一个重要会议要出席。出发之前,他在办公室对着镜子足足呆了十分钟,努力控制自己,恢复心理平静。当他出现在会场的时候,已是乌云散尽,满面春风,像什么事情也没发生似的。他的这种态度,使严肃的会场气氛立即活泼起来,大家畅所欲言,效果很好。显然,这位经理的做法是值得学习的。总之,在人生道路上,谁都难免遇到不顺心的事情,只要学会了自我控制,善于以得体言行为人处世,我们就将成为一个受欢迎的人。

6. 切勿好高骛远

对于刚刚踏上工作岗位的青春一代,总想强调"发挥个人特长,总想"远走高飞",或者当被领导批评时,总想和他理论一番,这些都是很正常的现象,但重要的是,我们怎样才能处理好这样的欲望同现实的冲突呢?

青春年华,刚刚踏上工作岗位,时常把自己看得十分出色,至少不是一个"庸才",所以要求从自己的"特长"出发,做到"人尽其才",这是很多年轻人初涉岗位很容易走进去的误区。

年轻人刚到工作岗位,是应当发挥特长。但这个特长只是个人所"认可"的,有时候并不是单位所立即需要的。因为每个单位都有个结构完整、最佳组合的问题。个人特长,只有让单位了解,并作为整体构成的一部分时,才真正是需要发挥的特长。

实际上，对于年轻人来说，先在被安排的岗位上积累些经验，对将来是有好处的。有许多过来人都说，初涉岗位的每份工作，到后来想想都是起了铺垫作用的，这话值得寻味。我们应该脚踏实地地做好每一份领导安排的工作，为以后更大的成功做好铺垫，而不应该企望"一步到位"。

青年人还容易走进一个误区，即轻视眼前工作，企求"好高骛远"。看轻眼前工作，总认为怀才不遇，以为"大材小用"。

对于年轻人来讲，眼前的工作尽管比想象的要"差"，但比理想中的更为"现实"，就凭这一点也应该干好它，因为是大材还是小材，事实最有发言权。因此，不应该轻视眼前工作，企求好高骛远。

青年人还经常容易犯的一个"毛病"就是安不下心，总想"远走高飞"。"远走高飞"的目的地，也并非处处都是好开垦的"处女地"，是摘得下果实的"果园"。许多情况下，没走进去的想进去，走进去的想出来，这种"围城"现象也迷惑了不少人，而且在社会上有很高知名度和众人看好的职位也不一定就合适自己。因为每个人的水准，适应面是不一样的。更重要的在于谋取一份经历，通过一个阶段稳定地工作，来判断适合与否。一味热衷"跳槽"，以为这样才能显示自己的才能，这种看法是有缺陷的。

要纠正这些比较容易犯的"毛病"也并非一件很困难的事情。

首先，要有从底层做起的思想准备。正像高楼大厦平地起一样，要极有耐心地从砌一块砖、一堵墙做起。"不积跬步，何以至千里？"一心想速成一个"建筑师"，这是不现实的。只有在砌墙加瓦中才会学到真本领，踏上理想的坦途。

其次，要有安于工作的现实态度。不企求"一步到位"，但求"步步到位"，对眼前的工作有一个正确的态度，并视之为理想岗位的"阶梯"。学会在平平淡淡中发挥自己的作用，让别人感受到真才实学。

再次,要随时调整自己,即使碰到不顺利也能用调节术来重新获得平衡。

总之,要脚踏实地,通过自己卓有成效的努力,使事业不断发展。

7. 完成工作应具备哪些良好心态

面对繁重的工作,我们应该做到以下几点:

莫认为自己是擎天神的角色

请勿认为自己是希腊神话中的巨人,双肩永远背负着天地,否则迟早将因不堪负荷而累倒。最好尽量去除心中激动的紧张情绪,莫钻牛角尖,对于无法解决的事情不妨暂时搁置一旁。

喜欢自己的工作

如果从心底厌恶自己的工作,做起事来必将事倍功半,难以顺利成功,所以必须设法使自己热爱本职工作,才能每天带着愉快的心情投入到工作中。

制定完整的工作计划

在每一个阶段开始之前,务必制定完整的工作计划,并循序完成每一个步骤,如此不但心中更为镇定自信,并且往往能愉快地接受挑战。

切忌急躁地进行超量的工作

做事须冷静地一步步完成,一旦想要在短时间内完成过重的工作,整个心事将无法安定下来,如此则不但乱了手脚,甚至导致错误百出。

端正工作态度

正确的工作态度比较容易完成任务,如果一开头就抱着得过且过,或多一事不如少一事的工作态度,那么任何工作做起来都寸步难行。

精通做好工作的应有技巧

所谓"知识就是力量",拥有了正确的知识与技巧,则任何事均可轻易完成。

从容不迫地工作

放松心情,面临工作的挑战,绝对不勉强自己在恶劣的情绪下做事。

今日事今日毕

任何事情今天能做完,一旦耽搁到明天,势必越积越多,最终难以继续完成。

8. 在工作中控制情绪的技巧

每个人的情绪都会时好时坏,学会控制情绪是我们成功和快乐的要诀。实际上没有任何东西比我们的情绪——也就是我们心里的感觉——更能影响我们的生活了。

伤心

人们每有所失,就觉得伤心。当我们觉得伤心时,应设法找出失掉的是什么?这种丧失对自己有什么影响?所丧失的曾经满足过哪些需要?失掉了今后能在哪里取得补偿?

焦急

人们在恐怕受伤害或丧失所有时就会变得焦急、忧虑、恐惧、紧张。如果我们感觉焦急,就应设法确定自己恐怕丧失的是什么——是不是别人的爱和照顾?是自己对境况和对自己本身的控制?还是自己做人的自尊心和价值感?想一想有什么能帮助自己防止损失或准备应变,不要因为想来太可怕而把它撇开。躲避自己所怕的事,只能把事情弄得更糟,问题更难解决。

愤怒

被人得罪了,人们往往会发怒。我们发怒的时候,要自问:"谁得罪了我?怎样得罪的?我对那个人说了些什么?我本来要说些什么?为什么我没有说呢?"

倘若有人触怒了自己,立刻对他讲明,大多数人都会表示歉意而仍要和自己继续做朋友。

内疚

愤怒不能适当发泄,就会掉转过来进攻自己。一个人对自己发怒时,他就会心生内疚而对每一件不顺心的事都归咎于自己。

怎样对付内疚?只要记住大多数内疚来自压抑的愤怒,而愤怒又是因心灵受伤害而产生的,那么解决的办法应该是查出心灵所受的伤害,并找出造成伤害的原因,再把愤怒引回原来它应该发泄的地方。

9. 三个步骤摆脱烦恼

我们都想知道一种迅速而稳妥的方法,以克服内心时常产生的烦恼情绪,下面就介绍一种方法。

这种方法非常简单,任何人都可以学会。它总共分为三个步骤:第一步,平心静气地分析情况,设想已出现的困难和可能造成的最坏结果。第二步,对可能出现的最坏后果有了充分估计之后,应做好勇敢地把它承担下来的思想准备。应对自己说,这一失败会在我的一生中留下不光彩的一页,从而影响我的晋升甚至丢掉工作。可是即使我在这里把工作丢掉了,还可以在其他地方找到事干,这算不得什么了不起的大事。第三步,待心情平静之后,即应把全部时间和精力都用到工作上,以尽量设法排除最坏的后果。

只要我们能冷静地接受最坏的情况,那么我们就没有任何东西可以再失去的了,这自然就意味着我们只会赢得一切。卡利尔说:"当我准备心甘情愿领受最坏的结果时,立即就会感到轻松了,心中出现了好多天来从未有过的平衡,于是我又能够正常地思考了。"

话虽这么说,但做起来并不容易。成千上万的人不就由于忧虑而毁坏了自己的健康吗?他们没有勇气正视最坏的现实,因而也就不可能最大限度地改变这种现实。他们拒绝从废墟中拯救可以拯救的东西,他们不去努力重新把握自己的命运,却顽固地跟倒霉的经历做殊死的斗争。所以他们只能永远愤然地生活下去,最后成为忧郁的牺牲品。

10. 借助工作排遣忧虑

从心理学的角度说,忧愁是一种不健康的心理特征,是人在面临不利环境和条件时所产生的一种情绪抑制,是一种对未来的担忧和焦虑。它与烦恼所不同的是,烦恼一般指向现在,而忧愁则着重于未来。当一个人的某种欲望得不到满足时,或者出现的局面并非所愿,所进行的活动受到阻碍,所处的环境条件很糟糕,原来抱有的希望落空时,都有可能使人产生忧思愁绪,有时,完全是一种无可名状的自寻烦恼。

还有一种情况,缺乏自信的人,喜欢用一种悲观的目光看待自己的现状和前景。往往还没有遇到什么困难,就先为自己设想了许多困难。他们经常担忧会有某种不如意的事情发生,结果越是担忧,这些不如意的事情就好像越是有发生的可能,弄得自己成天提心吊胆。

假如自己沾染上了忧思愁绪,就要想办法解脱。战胜忧愁的最好方法是正视你的忧愁,不要把目光老停留在令人忧虑的事情上,要越过忧虑,要心宽量大。量大者,惊涛骇浪又何惧哉!当对某种没有确切把握的事情产生淡淡的忧愁时,正确的方法是,把这种隐隐的忧愁,当作一种正常的现象,尽可能地不去想它,而把精力集中于当前你应做的事,形成在工作上的注意中心。忧愁会随着工作的加快而慢慢淡化,以至不知不觉地被忘掉。下面是心理学家介绍的几种驱除忧愁的方法:

让自己笑起来

心理学家告诫说,假笑,突然而短暂的笑和皮笑肉不笑,都能带来愉快的情绪。正确的是应该从文雅的笑开始,逐渐发展为热情而开朗的笑。如果一时想不出令我们发笑的趣事,可以装装笑,关键是用这一技巧使自己一天的情绪保持高昂。

朗读自己喜欢的书

当我们富有表情地朗读时,可以改变除悲伤以外所有不愉快的情绪。我们可以朗读马克·吐温的小说中某些有趣的篇章,或者狄更斯作品中讥讽辛辣的段落。宾夕法尼亚大学的一项研究证明,心情忧郁的人通过富有表情的朗读,能大大改善情绪。

放松身体

一项标准的身体放松术,就是对身体某个部位的肌肉做先绷紧再放松的活动。另一种办法是躺在公园的绿荫处松软的沙滩上。这种放松能收到立竿见影的效果,如心跳放缓,呼吸减慢,耗氧量降低等。

运动或游戏

运动能发泄内心的忧郁,所有的积郁随汗水一起流到体外。玩字谜游戏或看一部有趣的电影,也能使你扫除郁闷,笑逐颜开。

注意仪表

平时我们应注意精心修饰,衣冠整齐,自然精神抖擞。"装束能够影响前途",这是《精神疗法的实质》一书的作者、心理学家乔治·文勃的话。他还说:"假如你意志消沉或萎靡不振,等待你的将是更糟糕的未来。"

11. 减轻焦虑情绪的方法

下列四种技巧是从经验中体会出来的,在工作中一旦情绪激动无法平静时,试运用这四种技巧,定能获得极佳的效果。

放松全身,将背部挺直,靠背静坐

首先让自己的身体完全靠在椅子上,用心放松全身的筋骨,从头到脚趾都处于无力的状态,而后念道"我的脚趾,手指,脸部肌肉都已疲惫了",以确认自己真的轻松舒坦。

心中想象自己的灵魂是平静的水面

安静地想象灵魂是无波无浪的水镜,假如心中翻搅如狂风巨浪,又怎能得到平和呢?

回想曾经欣赏过的优美风景

例如笼罩于夕霞中的山岳,晨光里的峻谷,夕阳高照的森林,或是河上月光之类的影像,让它们恣意回旋于胸中。

以缓慢而感性的口吻说些祥和的话语

例如"很静呀","怡人""平缓"等,并一再重复。

将这四项技巧融入生活中,不断坚持,那么我们的火气与焦虑将会随之消失,一股新生命的活力也会如泉水一般流进心中,带来无穷的斗志与向上的勇气,使我们更加喜爱生命。

12.巧妙处理工作中的尴尬场面

公开地被羞辱通常并不是一件滑稽可笑的事,也不是一件小事。当感情被伤害时,我们中大多数人感到愤怒、口吃或脸红。但是,这里还有另外一种选择,就是理智地站在那里,控制局面。

不要用太多的时间来考虑:为什么这个人要对我使坏呢?有些人故意使人难堪,是因为他们受到威胁,或是惩罚别人过去曾对他们做过的什么事。有些人则是习惯给人找难堪,并不关心被他们羞辱的对象。

佛罗里达州立大学心理学家巴里·施伦科说:假定这些使人难堪的人有秘而不宣的动机,是不对的。有可能这些人在没有认识到时就伤害了别人。而当指出他们的胡言乱语时,这些冒犯我们的人一般都会礼节性地道歉。

当然,驾驭这种使我们难堪的事件要取决于一定的场合。如果上级在同事面前训斥自己,并且下次还要这么干,我们可以平心静气地说:"我们能不能私下谈一谈这件事?"

同样,如果受了配偶或亲朋好友的伤害,不要报以刻薄的诽谤,而要说明自己的感情受了伤害。

不管自己说些什么,要避免发脾气。失去自控,只会使冒犯自己的人占上风,只会使他们对自己更加仇视。

在生活中,面对复杂的社会,最好的办法应该是机智和幽默。艾德华·格网斯讲过两位作家舌战的典故。其中一位作家刚刚写完了一本书,正在接受同行们的恭维。另外一个作家在他们的谈话中听出了什么,就站起来说道:"我也喜欢你的书,那是谁替你写的?"这位作家就说:"我很高兴你喜欢我的书,那么谁替你读的呢?"

的确,在使自己难堪的情况下保持优雅的风度,那才是真正的回击呢!

13. 嫉妒是工作的大敌

嫉妒是一种难以公开的阴暗心理。日常工作和社会交往中,嫉妒心理常发生在一些与自己旗鼓相当、能够形成竞争的人身上。比如:对方的一篇论文获奖,人们都过去称赞和表示祝贺,自己却木呆呆坐在那里一言不发。由于心存芥蒂,事后也许或就这篇论文,或就对方其他事情的"破绽"大大攻击一番。对方再如法炮制,以牙还牙。如此恶性循环,必然影响双方的事业发展和身心健康。

所以,要克服嫉妒心理首先要先想后果,认清危害性。

其次,如果被嫉妒心理困扰,难以解脱,一定要控制自己,不做伤害对方的过激行为。然后不妨用转移的方法,将自己投入到一件既感兴趣又繁忙的事情中去。

工作及社交中嫉妒心理往往发生在双方及多方,因此注意自己的性格修养,尊重与乐于帮助他人,尤其是自己的对手。这样不但可以克服自己的嫉妒心理,而且可使自己免受或少受嫉妒的伤害。同时还可以取得事业上的成功,又感受到生活的愉悦,何乐而不为呢?

结合每一个人的实际情况,有意识地提高自己的思想修养水平,是消除和化解嫉妒心理的直接对策。

化解嫉妒心理的良方有:

自知之明,客观评价自己

当嫉妒心理萌发时,或是有一定表现时,能够积极主动地调整自己的意识和行动,从而控制自己的动机和感情。这就需要冷静地分析自己的想法和行为,同时客观地评价一下自己,从而找出一定的差距和问题。当认清了自己后,再评价别人,自然也就能够有所觉悟了。

快乐之药可以治疗嫉妒

快乐之药可以治疗嫉妒,是说要善于从生活中寻找快乐,就正像嫉妒者随时随处为自己寻找痛苦一样。如果一个人总是想:比起别人可能得到的欢乐来,我的那一点快乐算得了什么呢?那么他就会永远陷于痛苦之中,陷于嫉妒之中。快乐是一种情绪心理,嫉妒也是一种情绪心理。何种情绪心理占据主导地位,主要靠人来调整。

少一份虚荣就少一份嫉妒心

虚荣心是一种扭曲了的自尊心。自尊心追求的是真实的荣誉,而虚荣心追求的是虚假的荣誉。对于嫉妒心理来说,它的要面子,不愿意别人超过自己,以贬低别人来抬高自己,正是一种虚荣,一种空虚心理的需要。单纯的虚荣心与嫉妒心理相比,还是比较好克服的。而两者又紧密相连,相依为命。所以克服一份虚荣心就少一份嫉妒。

学会自我控制和自我宣泄

自我抑制,是治疗嫉妒心理的苦药;自我宣泄,是治疗嫉妒心理的特效药。

嫉妒心理也是一种痛苦的心理,当还没有发展到严重程度时,用各种感情的宣泄来舒缓一下是相当必要的,可以说是一种顺坡下驴的好方式。

在这种发泄还仅仅是处于出气解恨阶段时,最好能找一个较知心的朋友,或亲友,痛痛快快地说个够,暂求心理的平衡,然后由亲友适时地进行一番开导。虽不能从根本上克服嫉妒心理,但却能中断这种发泄性朝着更深的程度发展。如有一定的爱好,则可借助各种的业余爱好来宣泄和疏导。如唱歌、跳舞、书画、下棋、旅游等等。

14. 正确对待异己观点

人们对许多事情的看法都各有异议,当我们遇到一些与自己不统一的观点的时候,该怎样应对呢?

控制自己的理智

如果截然相反的意见会使自己大动肝火,这就表明,理智已失去了控制。这一点无须多说,自己会下意识地觉察到的。假如有人坚持认为二加二等于五,或者冰岛在赤道上,我们根本不会发怒,只是对他的无知感到惋惜。只有那些双方都没有令人信服的证据的事情,争论才会最激烈。因此,无论何时都要注意,别听到不同的观点就怒不可遏。通过细心观察,我们可能会发现自己的观点不一定都与事实相符。

了解不同的观点

了解与自己不同社会范畴的人们的观点,是克服主观、武断之妙法。社会阅历丰富,这对减弱偏见的激烈程度相当有利。而且我们要常常提醒自己,考虑问题的视角不能过于片面,或许自己与别人的观点都是对的。

假设与别人辩论

如果自己的想像力很丰富,那我们不妨假设一下自己与持不同观点的人进行辩论。这种方法不受时间和空间的任何限制。例如,马哈德曼·甘地痛恨铁路、汽船及机械,如有可能,大有要毁灭整个工业革命全部成果之势。也许,我们根本不可能有机会真正同这种人辩论,但可以设想一下,假如与甘地争论的话,他会如何驳斥自己的观点呢?在这种假想的辩论中,有时我们真的发现,对手的观点比自己的正确,于是,我们有可能会改变了原来的武断看法。

15. 减少别人误解的方法

在日常交往中,经常有自己说的话被别人误解的情况发生。那么怎样才能使自己的话不被别人误解呢?要注意以下几点:

要尽量少用话中有话的句子

如有人说的三句话都是话中有话,弦外有音。第一句"该来的不来",使人想到"不该来的来了";第二句"不该走的又走了",言外之意就是"该走的没走";第三句"该来的没来,不该走的又走了",话中话是"我们既是不该来的,又是该走的。"因此,六位客人走得一个不剩。所以,我们在需要明确表达自己的意思时,话一定要说得明确、具体,千万不要模棱两可,不要用那种话中有话的句子,以免引起误解。

不要随意省略主语

从现代语法看,在一些特殊的语境中是可以省略主语的,但这必须是在交谈双方都明白的基础上,否则随意省略主语容易造成误解。比如在一家商店,一个男青年正在急急忙忙地挑帽子,售货员拿了一顶给他,他试了试说:"大,大。"售货员一连给他换了四五种型号的帽子,他都嘟囔着:"大,大。"售货员仔细一看,生气了:"分明是小,你为什么还说大?"这青年结结巴巴地说:"头,头,我说的是头大。"售货员狠狠地瞪了他一眼,旁边的顾客"噗"一声笑了。造成这种狼狈结局的原因就是这位年轻人省略了他陈述的主语"头"。

要注意同音词的使用

同音词就是语音相同而意义不同的词。在口语表达中脱离了字形,如果同音词用得不当,就很容易产生误解。如"期终考试"就容易误解为"期中考试",所以在这时把"期终"改为"期末",就不会造成误解。

少用文言词和方言词

在与人交谈中,除非有特殊需要,一般不要用文言词。文言的过多使用,容易造成对方的误解,不利于感情的交流和思想的表达。有个小伙子,年过三十仍没娶妻,他母亲非常着急。后来别人给他介绍了一位姑娘,几天后,他写信告诉母亲:"女方爽约"。母亲非常高兴,认为约会是爽快的,逢人就讲儿子有对象了。一年后母亲要求见见姑娘,儿子才把"爽约"解释清楚。母亲连连责怪儿子话没说清楚,耽误了大事,小伙子也后悔莫及。如果小伙子当初把"爽"字改为"失"字,或许早就有妻室了。

说话时要注意适当的停顿

书面语借助标点把句子断开,以便使内容更加具体、准确。在口语中我们常常借助的是停顿,有效地运用停顿可以使话语明白、动听,减少误解。有些人说起话来像开机关枪,特别是在激动的时候就不注意停顿了。有一次下班途中,一个人遇到一群刚看完电视球赛的学生,就问:"这场比赛谁赢了?"有一个学生兴奋地说:"中国队打败日本队获得冠军。"但笔者不明白他说的是:"中国队打败,日本队获得冠军"还是"中国队打败日本队,获得冠军。"又问了另一位学生,才知道中国队胜了。所以我们在与人交谈时,一定要注意语句的停顿,使人明白、轻松地听你谈话。

16. 要有"难得糊涂"的工作真经

人生中有很多时候需要我们糊涂,当然这里的糊涂不是指对事物的认识模糊,混乱,不明事理的真糊涂,而是指在明事理,知变通的情况下,大事密于心,小事疏于表的交际情怀,说大一点,也是一种明智,旷达的生活态度。

"糊涂"在某些时候可减轻甚至防止严重后果的发生,尤其是在厉害关头。一般来说,在涉及重大利益的紧要关头,应该据理力争,毫不留情。但是有时对方凭借诸多优势摆出一副咄咄逼人的架势时,暂时处于劣势的一方大可不必针锋相对以硬碰硬,而不妨先让其发泄完毕之后。你再装出一副"不明白"的样子,请他再说一遍。这个时候,对方的气势就成了强弩之末了。这样,你再按"既定方针"办,必然是后劲十足,对方也不敢小觑。第一次世界大战后,土耳其获得独立。英国伙同法国、意大利和俄国等在洛桑与土耳其谈判,企图继续奴役土耳其,迫使土耳其签订不平等条约。当土耳其外长伊斯美提出本国条件时,一下子触怒了英国外相。他咆哮如雷,挥拳吼叫,极尽恫吓威胁之能事。伊斯美作为小国代表,尽管其他列强也助纣为虐,他却装聋作哑,一声不吭。等英国外相喊完了,他才不慌不忙地张开右手靠在耳边,把身子移向英国代表,十分温和地说道:"阁下,您刚才说什么呀?我还没听清楚呢。"英国代表碰了一颗软钉子,不得不有所收敛了。

生活中,我们对小事"糊涂"一下,大事可以化小,小事可以化了,心情自然舒畅。如果一个人对生活中的物是人非过分挑剔,得饶人处不饶人,整天沉湎于鸡毛蒜皮的小事之中,这势必会给对方造成为人刻板的印象,同时也给自己埋下了烦恼的种子。因此,一个心胸开阔的人,不会拘泥于身边的细微小事。

在工作方面,如果我们目标明确,而对私利糊涂,则会在工作方面取得良好的效果,在商品大潮惊涛拍岸的现代社会,有些人逢事必言利,钱多多干,钱少少干,没钱干脆就不干。而一些淡泊名利,潜心钻研的人却被某些人讥讽为"死脑筋"、"糊涂虫"等等。殊不知正是在其他人都"精明"到家的情况下,一个人若能够认定一个目标,保持他惯有的"糊涂"心态,也许就能在日后的变迁中独领风骚。

某中专学校由于一老师中途跳槽,他所担任的课一时没有人愿意上,因为校方未言明有代课费。青年教师小柳考虑到那位教师所担任的课和自己所学的专业有某些相似之处,当领导征求他的意见时,他就"糊里糊涂"地答应了。第二个学期,由于受经商潮的影响,一些教师纷纷停薪留职,下海折腾。没有经商才能的,也都在社会上兼了一些课,搞第二职业。一位和小柳不错的同事也替他谋了一桩矿夜厂校按钟点计酬上课的美差,小柳又以"会耽误教学"的"糊涂"观念拒绝了,继续干他的"糊涂"事业。过了两年,情况有所变化,一些下海的人纷纷上岸,恰恰遇到学校搞职称评定,小柳以其扎实的教学功底和踏实的工作态度被晋升为该校最年轻的讲师,并在所教学科领域有一定的影响,这下该轮到那些精明的同行糊涂了。其实明眼人知道,小柳之所以能有现在的成就,是他头脑中那根敬业的神经,使他在工作上取得了优异成绩。

17. 对待领导批评的正确心态

在现实生活中同领导相处的一个重要方面就是如何对待领导的批评。不同的领导,由于性格气质、学识修养、人生阅历、工作经验等差异,往往会采取不同的表达方式,有的会和风细雨,有的却是暴风骤雨,但不管怎样,领导的批评,一般来说出发点和动机都是好的。因此,遇到领导的批评,应该保持冷静,学会必要的克制,认真听取,然后根据具体情况,采取相应的对策,协调好自己和领导之间的人际关系。

当领导发泄自己的情绪时,我们应该以柔克刚。领导也是人,而不是神,他们也有自己的七情六欲,喜怒哀乐。有的领导,由于性情比较刚烈,脾气比较急躁,当工作未能按照预定的目标顺利进展,或出现什么失误,或个人心情因故不佳等等,便有可能发无名火,发泄自己的情绪。面对这样的批评,我们心里一定会感到非常委屈,但是,不管怎样,我们必须忍让,不能去顶撞。因为这个时候,领导正在气头上,如果顶撞,无异于火上浇油,必定会扩大事端,弄得双方尴尬之至,谁也下不了台。因此,最好的办法就是平心静气,倾听领导的发泄,或巧妙地岔开话题,暴风雨之后,定会艳阳高照,因为领导发完无名火之后,情绪会稳定下来,这样,领导会从内心里对自己刚才的冲动进行反省,尤其是那些胸襟开阔的领导,可能还会道歉,感激我们维护了他的面子,给了他一个台阶。

当我们面对领导的笼统式批评时,一定要进行自我反省。当我们的工作不如意,或者出现什么失误,但不是非常严重,或为了给当事人保全面子,或为了考虑某种关系,领导往往不点名,而采取笼统式批评。这种笼统式批评,面对的是全体,针对的却是部分人或个人。对这样的批评,我们应该认真反省,检讨自己的过失。如果不是自己的过失,那么以后一定要注意,不要犯类似的错误。因此,无论有责任,还是没有责任,都应该认真听取,多作自我反省,有则改之,无则加勉,不要去自找麻烦。

当面对点名式批评时,应该及时地沟通。由于我们工作的失误,甚至是较大失误,或者自身存在严重问题,领导不得不采取点名式批评,这种点名式批评,针对的是一个人,领导的话语可能比较重,这个时候,同情者有之,幸灾乐祸者有之,挑拨离间者也有之。因此,不管怎样,我们都要保持清醒的头脑,不要被人捉弄,不要当众予以反驳。如果领导的批评是正确的,那么就要虚心地接受,而且还要寻找恰当的时机,与领导进行沟通。承认自己的失误与缺点,积极谋求补救的方法,千万不要消极悲观。如果领导对我们的批评是一种误解,或者事出有因,那么我们也不要在公众场合辩解,而要选择在与领导个别谈心或者征求意见时,把自己的苦衷说出来,这样,有利于树立领导的威望和形象,我们的观点也容易被领导者接受和采纳,从而达到自己的目的。

当我们面对领导的期望式批评时,要多加请教,有的时候,领导批评我们,是看得起我们的一个信号。工作中有什么失误,或者自身存在缺点,领导对此熟视无睹,这说明领导对我们不够重视。无论是在公开场合,还是单独交谈,领导期望式地指出我们的不足和缺点,是认为我们是一个可造之才,所以才会对我们倍加爱护,纠正我们的缺点。面对这种期望式的批评,我们常常会产生一种错误的想法,认为领导偏心,只看到我的缺点,看不到我的优点,从而耿耿于怀,这样不仅辜负了领导的一片良苦用心,也不利于自己的成长。实际上,领导很清楚我们的成绩和优点,为了使我们更加出色,或者是为了避免我们产生骄傲情绪,才这样鞭策我们。因此,面对这样的批评,我们应该及时向领导请教,汇报自己的学习和工作体会,与领导多加探讨。求领导指点迷津,取得领导的信任和厚爱。

总之,在人生旅途中,我们会遇到各种各样的领导,会受到各式各样的批评,我们要保持冷静,不要采取抵制的方法,而要根据具体的情况,采取相应的对策,协调好同领导之间的人际关系,这也是良好修养的体现。

18. 对待学校竞争的健康心理

正确认识竞争

竞争,是实力的较量;因此,一定有胜负之分。在竞争中要能审时度势,扬长避短。如果在实战中注意挖掘,那么,即使一时落败,也可能"柳暗花明又一村"。这样,成功了固然可喜,失败了也问心无愧,如果从中悟出了一番道理,或者在竞争中学到了知识,增长了才干,那么这种失败或许更有价值。

职场人经常处在竞争环境中,是否具有健康的竞争心理,对事业发展有着重要的影响。

竞争让人们满怀希望,朝气蓬勃。这是一种健康的心理。但是,竞争也容易使人在长期的紧张生活中产生焦虑,出现心理失衡、情绪紊乱、身心疲劳等问题,那么,在充满竞争的现代社会里,如何才能扬长避短,保持心理健康呢?

在竞争中培养欣赏别人的气度

当对手胜利时,真诚地祝福他们,真心地为他们喝彩,同时在失败中反思和奋起。只看到自身的优点是不够的,要学会用欣赏的眼光去看待别人,找出自己的不足,尽可能赶超对手。

避免情绪大起大落

在竞争中保持心理稳定,避免情绪大起大落。有竞争,就有强弱之分,弱者必须承受得住失败的打击。在这次竞争中失败了,并不表示在将来的竞争中也注定会失败;在这方面的竞争中失败了,并不说明你事事不如人。要克服自卑心理,选好努力的方向,决不能自暴自弃。那么

保持稳定的情绪应怎么做呢?

不要对自己提出不切实际的奋斗目标,应把规划定在自己的能力范围之内;对他人的期望不要太高,避免失望感;排解愤怒情绪,以免失态和后悔;作必要的妥协和让步,以免小题大做;离开刺激源,避免刺激加剧;找知心朋友,倾诉心声,以减轻心理压抑;为他人做好事、善事,以免孤独;一段时间只集中精力于一件事,以免过多事务给自己造成精神压力;不要处处与人竞争,以免精神过度紧张;扩大人际交往,避免孤陋寡闻;自娱自乐、以避免烦恼郁积。

树立"人人都有成功的机会"这一观念

人的一生中充满了竞争,竞争促进了社会的前进,所以每个人都应以乐观向上的态度投入竞争。竞争之中保持良好的合作,成功之后不忘提携幼弱,切不可为争一日之长短而做出有失品德的事情。职场上的竞争与做人是不矛盾的,良好的品格修养只会让竞争更有利于自身的全面发展。

1. 情志致病有哪些症状

所谓情志,即指人的喜、怒、忧、思、悲、惊、恐七种情绪。七情六欲,人皆有之,俗话说,人非草木,孰能无情。在我们生活的大千世界中,每个人都要面对许多人和事,面对现实而产生种种情绪。

情志致病是由内外刺激引起的七情太过,可使人体发生多种疾病。主要症状如下:

喜:指狂喜。如旧时的"四喜":"十年久旱逢甘露,千里他乡遇故知,和尚洞房花烛夜,捐生金榜题名时。"这种突然的狂喜可导"气缓",即心气涣散,血运无力而淤滞,便出现心悸、心痛、失眠等病证。成语里的"得意忘形",即是说由于大喜而神不藏,难于控制形体活动。

忧:指忧愁、苦闷、担心。表现在情绪上为失去欢乐,悲伤,气怯神弱。症状轻者,愁眉苦脸,闷闷不乐,少言少语,忧郁寡欢,意志消沉、独自叹息;重者,难以入眠,精神萎靡或紧张,心中烦躁,并会导致咳喘、嗳逆、呕吐、食呆、失眠、便秘、阳痿、癫痫等症,甚至诱发癌症或其他疑难重症。正如巴甫洛夫所说:"一切顽固沉重的忧郁和焦虑,足以给各种疾病大开方便之门。"

怒:指暴怒或怒气太盛。它是由于某种目的和愿望不能达到而逐渐加深的紧张状态。可表现为暴跳如雷,拍桌大骂,拳打脚踢,伤杀人畜,毁坏器物。症状轻者会肝气郁滞,食欲减退;重者便会出现面色苍白,四肢震颤,甚至昏厥,死亡。当然,轻度的发怒有利于压抑情绪的抒发,故而有益于健康。

思:指集中精神考虑问题,若思虑过度会导致多种病症,其中最易伤脾。当脾胃运化失职后,食欲大减,饮食不化,故中医有"思虑伤脾"之说。现代医学研究证实,长期从事脑力劳动,大脑高度紧张的知识分子,易患心脑血管疾病和消化道溃疡病,这和中医学的"思虑损伤心脾"的理论是一致的。

恐：指恐惧不安、心中害怕、精神过分紧张的状况,诸如临深渊、履薄冰、人将捕之等。祖国医学认为,恐惧过度则消耗肾气,使精气下陷,不能上升,升降失调而出现二便失禁、遗精、滑泄、神昏等症,严重者会发生精神错乱、癫痫或昏厥。恐与惊密切相关,但略有不同,多先有惊,继而生恐,故常惊恐并提,然惊多自外来,恐常由内生。

惊：指突然遇到意外事变而引起的心理上的骤然紧张,如耳闻巨响、目睹怪物、夜里做噩梦等都会受惊。受惊后可表现为颜面失色,神飞魂散,目瞪口呆,骤出冷汗,肢体运动失灵,手中持物失落,重则惊叫,神昏僵仆,二便失禁,常谓如"惊弓之鸟"。人们一般都有这样的体验,惊慌时会感到心脏怦怦乱跳,这是由于情绪紧张引起交感神经系统处于兴奋状态的缘故。此外,血压升高也是受惊时最常见的表现。有人特制了一张靠背椅,一按电钮,椅背便立刻向后倾倒。他让受试者紧靠椅背而坐,并测量其血压,随后突然按动电钮,椅背立刻倒下,这人突然受惊,血压便骤然上升。试验证明,由惊恐所致血压升高大多表现为收缩压升高,其机制是心脏搏出的血量增加。

悲：指悲伤、悲痛、悲哀。如幼年丧母、中年丧偶、老年丧子,或者是失恋,或者是丢失了心爱的珍贵物品,或者是遭劫受灾等,这些都会使人感到非常伤心,当伤心到极点时,便会变成沮丧和绝望。一般来说,悲的产生与失去所追求、所盼望的事物和目的有关,悲哀的程度与失去的事物的价值有关。若悲哀太甚,可致心肺郁结,意志消沉,悲痛欲绝,还能引起昏厥或突然死亡。常处于悲伤中的人比其他人更容易得癌症或别的疑难重症。

由上可知,"七情"太过可致病。太过,主要指两种情况:一种是情绪波动太大,过于激烈,如狂喜、盛怒、骤惊、大恐等突发性激烈情绪往往很快致病伤人;另一种是"七情"持续时间太长,也会伤人致病,如久悲、过于思虑,时常处于不良的心境皆可积而成病。

2.教师的健康情志如何调理

对于七情的刺激,要采取调摄的方法,以免造成人体气机紊乱,进而导致人体脏腑功能失调而孳生百病。而疾病又可反馈人的情志,造成恶性循环。

疏泄法

疏,疏发;泄,发泄。所谓疏泄法,是指当人处于逆境,心情不佳时,千万不要自寻苦恼,把痛苦忧伤闷在心里,一定要使之发泄出来。事实证明,疏泄法可使人从苦恼、郁结的消极心理中得以解脱。

当人们在遇到负面生活事件并引起不良情绪时,千万不要强硬压制自己的感情,应学会适当地发泄。不论是痛痛快快不失体面地哭一场,还是在知心朋友面前倾诉衷肠,以及到空旷野地引吭高歌或恶语重拳自我发泄,只要无碍于他人,又有助于摆脱不良情绪的困扰,都不失为聪明的举动。

节制法

节制法即节制、调和情感,防止七情过激,从而达到心理平衡的目的。事实上只有善于避免忧郁、悲伤等不愉快的消极情绪,使心理处于怡然自得的乐观状态,才会对人体的生理起着良好的作用。所以平时要注意做到以下几点:

(1)要保肝:因为"肝主怒",经常发怒的人,往往是肝的功能失常,如《黄帝内经》里说:"肝气实则怒"。若是肝气郁结所致发怒,应当舒肝解郁;若是肝上火引起的,应当清泻肝火;若是肝阳上亢引起的,应当滋阴潜阳。

(2)遇事冷静:因为不管怎样的怒,常常是不能冷静思考的结果。一个人活在世上,总会遇到不如意的事,但暴跳如雷就能解决问题吗?恰恰相反,不但解决不了问题,反而会招致更坏的后果。因此,遇事一定要冷静,才能积极思考,想出对策,圆满解决问题。

(3)加强修养,防"怒"于未然:经常联系群众,加强自身修养,可使人心胸坦荡,提高观察和理解事物的能力,能够正确处理将要发生的令人发怒的事。

当神情兴奋、愤怒、狂躁之时,可听一些节律低沉、凄切悲凉的曲子。

移情法

通过一定的方法和措施改变人的情绪和意志,以解脱不良情绪的苦痛,又称转移法。常用的移情法很多,主要如下:

(1)运动移情法:在情绪激动与别人争吵时,最好的方法是转移一下注意力,去参加体育锻炼,如打球、散步、打太极拳等。

(2)琴棋书画移情法:在烦闷情绪不佳时应听听音乐,欣赏戏剧,观赏幽默的相声或哑剧,这样能乐得捧腹大笑,精神振奋,紧张或苦闷的情绪也随之而消。

暗示法

暗示法不仅影响人的心理与行为,而且能影响人体的生理机能。此法一般多采用语言暗示,也可采用手势表情,或采用暗示性药物及其他暗号来进行。

暗示法与说服不同,因为它是通过语言使病者不经逻辑的思维和判断就自觉地接受医生灌输给自己的观念,其作用在于情绪方面。而说服的作用则在于理智方面。

升华超脱法

所谓升华法,就是用顽强的意志战胜不良情绪的干扰,用理智和情感将其化为行动的动力,投身于事业中去。超脱法,即超然。思想上要把事情看得淡一些,行动上应脱离导致不良情绪的环境。如老年人在丧失老伴后,最好的方法是换一下居住地。在与子女和邻居发生矛盾时,可以到环境优美的公园或视野开阔的海滨漫步散心,这样可驱除烦恼。

说理开导法

此法是正确运用"语言"这一工具对患者启发诱导,宣传防病知识,分析疾病的原因与机制,解除患者的思想顾虑,提高战胜疾病的信心,使之主动地配合治疗,从而促进健康的恢复。

心理开导最常用的方法是解释、鼓励、安慰、保证。其中解释是说理开导法的基础。实行解释须向患者讲明疾病的前因后果,解除其思想顾虑,密切医患关系,从而达到康复的目的。鼓励和安慰是在患者心理受到挫伤、情绪低落之时实行的康复方法;而保证则是在患者出现疑虑、忧愁时,医者以充足的信心做许诺,担负起责任,以消除病人的紧张与焦虑。

俗话说:"快乐有人分享,是更大的快乐;痛苦有人分担,就可以减轻痛苦。"所以,当人们在生活中受到挫折或遭到不幸时,可找自己的知心朋友、亲人倾诉苦衷,或向亲朋好友写书信诉说苦闷,以便从亲人和朋友的开导、劝告、同情和安慰中得到力量和支持。

3. 教师的家庭心理怎样保健

《中国心理卫生学》中明确指出:"家庭,是社会的细胞。要搞好全社会的心理卫生工作,首先就要从家庭心理卫生工作做起。"事实的确是这样。一个人可以没有工作单位,但不可能没有家庭。自从他出生的第一天起,他就要和家庭打交道,即使是不结婚不生育,那他也要和自己父母亲打交道。一个完全脱离家庭的人可以说是不存在的。家庭是人类社会中的一个基本组织形式,它为我们提供了最基本的环境,而且为人的社会化创造了一个最基本的条件。

人们常爱把家比作港湾,这道出了人们对家的理解和希冀。家是人们休息的地方,更是人们创造生活享受生活的地方。在家里,我们可以全身心地放松,可以随心所欲地创造。家又是一部无字的书,它写明了主人的性格、爱好、情趣乃至职业。当我们走进一个家庭时,无需主人多言,只要观察一番,便会对这个家庭做出大致的评价。这种感受多半来自于这个家庭的陈设和布置。

不要小看了居家布置,它反映出的是人的价值观念、审美情趣、文化素养,表明人对生活的追求和品位。人人都希望自己的家是一个温馨、幸福、舒适的港湾,在那里可以尽情享受生活的乐趣。然而家更需要建设,需要精心装扮。

建设、布置好家需要钱,但更要用心,一颗热爱生活的心。有钱无心,家只会成为一个堆积高级物品的仓库,而没有灵性。有心无钱,却也能够给家营造出高雅、恬静、简捷、温馨的氛围。有些小装饰虽然很简单,也可以表现出了人的创造力、想像力,体现出人对生活的追求和热爱。很多人常利用一些废旧物品创作出了艺术品,装点家庭,美化生活。

人们在布置得很舒适的家里,享受到的不仅是物质,更有精神。我们希望每个人都能用心去营造自己的家,让更多的人分享这份幸福和快乐。

4.教师夫妻感情的调节方法

夫妻之间的感情问题直接影响各自的成才与贡献。要建立一个家庭双方首先要以感情为基础,如有的夫妻长期两地生活,还有的夫妻多年不能生育,他们之所以过的很愉快、很充实,是因为他们之间有一架感情的桥梁。现实生活中,夫妻之间闹矛盾,往往因一些家庭琐事发生争吵;还有的青年婚前掩盖自己的缺点,婚后原形毕露;或随着年龄的增长,感情也有了新的追求,致使夫妻感情破裂。一般情况下,双方既已成为夫妻,就有一定的感情基础,夫妻的感情往往是可以调和的。随着时代潮流的发展,夫妻之间应该在互相尊重、互相理解的基础上,不断增进感情和培养新的共同兴趣,在共同的生活中要不断寻找感情的差距,只有在处理好家庭生活关系的基础上,才有精力去更好地工作和学习,迎接改革的挑战。

生活的伴侣,应该是相依为命,事业的夫妻,应该比翼双飞,即使不能并驾齐驱,也应该志同道合。每一个成家立业的人都应该珍惜夫妻之间的感情,逐渐学会解决家庭矛盾和心理问题的办法,使生活更加幸福,事业更加辉煌。

聪明的妻子善于创造温馨的家庭氛围,使丈夫更爱妻子,更恋家庭。如何拥有家庭的温馨呢?为人之妻,不妨如此这般:

关心:"知夫莫如妻",与丈夫朝夕相伴,妻子对丈夫的爱好该是了如指掌。如果丈夫有业余"爬格子"的习惯,那么,他笔耕之际,最好不要在旁唠叨,给他一份清静,他会感激不尽;假如丈夫喜欢琴棋书画,妻子不妨抽空逛一趟书店,均是"举手投足"之劳,只要有心,皆可为之。

体贴:一位哲人说过:"夫妻的情爱,并非热恋时花前月下的卿卿我我,而是'投其所好'、'送其所要'的无微不至的体贴"。及时的体贴好比"雪中送炭"、"雨中送伞",是爱心的渗透,是情感的传递。这样,丈夫就会觉得妻子是他最亲近、最温柔、须臾不能离开的伴侣。

奉献:奉献与理解是一对"孪生姐妹",只有对丈夫的理解,才能"无私"的、不图所报的奉献。对于妻子的奉献精神,丈夫是会"感激涕零"的。

规劝:"家有贤妻夫无祸",这句民谚说明妻子对丈夫不良行为的规劝是多么重要!有这么一位丈夫,被搓麻将的赌博"旋风"不知不觉地卷了进去。当妻子发觉丈夫已"陷入泥潭"时,不是责备、谩骂,而是勤吹枕边风,对其晓之以理,动之以情,终于使丈夫幡然醒悟。由此可见,规劝对家庭幸福、夫妻恩爱是多么重要!

安慰:人生旅途,不可能事事如意,当丈夫遇到烦恼,做妻子的应当以女性的温柔抚慰丈夫的心灵。有道是"好言一席三冬暖",况且,"一份忧愁两人分担,忧愁只有一半"。安慰丈夫时,不妨使用幽默、开导、劝解等办法,特别是幽默的艺术会使效果"更胜一筹"。

为了拥有一个温馨的家庭,您不妨做个"聪明"的妻子。

女人爱经常向人诉说男朋友或丈夫对自己不够温柔体贴,然而你可想过,他可能对她也有同感,只是他不愿意说出口而已。专家指出,男人最讨厌伴侣做以下6种事情:

在他面前谈论以前的男友:男性通常对同性缺乏安全感,若你提及与以前男友的关系,可能会令他忐忑不安。因此尽量少在丈夫面前诉说以前男友的优点,应让他觉得自己比其他男人优越。

侵入他与同性朋友的天地:男人总希望有属于自己的时间,与同性朋友喝酒或神侃一番,这时他往往不希望妻子在场,妻子在场只会令他感到不自在,因为他一方面不想在妻子面前失态,另一方面又想向其他同伴显示出男儿本色。所以两人最好协议,定出每星期有一晚上为双方的自由活动时间。当他快乐够了,便会想到妻子的好处,迫不及待地跑回家,享受二人世界的温馨。

随便向别人透露他的事情:男人向妻子倾诉的事,并非要妻子广告街坊、朋友,男性最忌伴侣在朋友面前经常提及他的"秘密",尤其是他的坏习惯。不过,妻子不妨在别人面前称赞一下他的优点,例如工作出色,衣着品味高,厨艺十分精湛,他必定会高兴。

人类自从结束了母系社会以后,男人就成为支撑社会和家庭的主要力量。在社会分工中,重、累、难、险的工作更是落在男人肩上,社会对男人的要求也较之女人更高些。因此,男人无论是从精神上还是体力上付出的都更多。

然而在生活中,男人精神和物质上得到的补偿与他们的付出相比却往往不成正比。如一个家庭不论遇到大小困难,男人毫无疑问会站在前面,可是如果是买了一点好吃的,则总是先给孩子、老人,最后才是男人。尽管这种现象已为人们所习惯和接受,但从科学的角度来看,却有改变的必要。

从人体健康来说,付出的多,就应该补偿的多,否则就失去了平衡,不平衡就意味着不健康。工作时,精神长期处于紧张状态,回到家中就应该适当松弛;体力上消耗的多,就要从食物中补充。从大处说,男人的身体素质如何,会影响到对下一代的遗传,继而影响到整个民族的身体素质。从小处说,男人的健康与每个家庭的生活是否幸福紧密相关。因此,作为一个女人和妻子,在家庭生活中应尽可能地关心和照顾丈夫。如从饮食上多给他们吃些耐疲劳、耐消耗的食物,像牛肉、牛奶、肥猪肉、鸡蛋、海产品等。尤其是早餐更要吃好,才能维持脑体的消耗。对进入中年的男人,应适当给予进补,如泡些枸杞子药酒等。在精神方面多给男人一些理解和慰藉。

总之,无论是为了人类的进化还是家庭的幸福,男人都应该受到关心和照顾。

5.夫妻感情的和谐艺术

夫妻和谐几要素

在日常生活中,恐怕每对和睦恩爱的夫妻,都有一套相互适应的秘诀。而撒娇、温柔和幽默可称得上是最有效的夫妻和谐"三元素"了。

撒娇:撒娇是一种生理现象,也是女子的天性。血清素是一种能抑制情绪的物质,而女性血液中血清素明显高于男性。所以,血清素就像高超的魔术师一样,赋予了女性温柔、和气、爱撒娇的特性。试想,当夫妻间遇到了不顺心的事时,妻子主动以和气、撒娇的方式处之,那么夫妻间的气氛很快就会"由阴转晴"。

温柔:温柔似乎与男子汉格格不入,其实不然。真正的男子汉大丈夫,往往不是剑拔弩张者,而是虚怀若谷、大智若愚式的人物。所以,大丈夫也应适当分担些家务,精通烹调。若妻子比自己强,且工作繁忙,作为丈夫则应心悦诚服地当好"贤内助"。当妻子怒气冲冲时,丈夫如能以柔和方式对待,就可避免正面冲突,使矛盾消除。

幽默:幽默更能使夫妻恩爱和睦。如果夫妻间的冲突迫在眉睫,那么,幽默可让一触即发的矛盾"冰消雪融"。夫妻间经常保持幽默感,就会使夫妻恩恩爱爱,而恩爱夫妻的寿命则普遍较长。

夫妻谈话要讲点艺术

夫妻俩长年生活在一块,总少不了磕磕碰碰的。那么,一旦出现磕碰现象,该如何处理呢?这时候,较好的做法便是以诚恳的态度去宽容,而不是去横加指责。这样,矛盾得到缓解,夫妻间的感情便越来越深,越处越好。

例如家中来了客人,丈夫陪客人吃饭,妻子忙着炒菜,可有一个菜炒得有点咸了,丈夫感到很不好意思,却没有直接埋怨妻子,而是说:"朋友们别见怪,我家里里外外全凭我爱人,今天菜有点咸,不好意思啊!"这话言在和朋友交谈,意在给妻子传递信息——你这菜炒咸了。妻子听后会在炒菜时更加细心的,并可能主动地请客人们原谅。客人看到这对夫妻恩爱,诚心实意,吃起来更觉得津津有味。试想,如果当着客人的面,一尝到菜咸便说:"天天在家炒菜也不知道个淡咸,你是怎么搞的!"结果又会如何呢?

夫妻间讲究谈话艺术,才有利于两口子恩恩爱爱,相处得更好。若夫妻间经常发生矛盾的话,不妨也在谈话方面找一下原因,寻求一些谈话艺术,这会使你的家庭生活更欢乐温馨。

夫妻间朦胧情更浓

人们常以"相敬如宾"、"形影不离"、"一日夫妻百日恩"来形容夫妻间感情的融洽。但从某种意义上来讲,夫妻间保持一定的新鲜感和神秘感也是夫妻生活中不可缺少的"调味剂"。它可使夫妻双方的感情不断加深,家庭生活的内容不断丰富,也是一种爱的艺术。

大多数夫妇都有这样的心理体验,朝夕相处,而习以为常;暂时分离却牵肠挂肚;久别多日则朝思暮想。如果能有意地制造一种夫妻生活中分与合的节奏,更可收到"道是无情却有情"的效果。如双方各自单独做一次短暂的度假,妻子偶尔回娘家小住,这种暂时分离的情境会使各自回味在一起的温馨,怀念昔日拥有的柔情,从而激起他(她)离的"痛苦",生理的渴望,一旦见面就有"久别如新婚"的感觉。爱情的升华能使双方的新鲜感和朦胧之美充溢于家庭生活。

6. 夫妻要创造情感的空间

在夫妻之间留出一点情感空间,允许对方在心理的深处有一片属于自己的"领土"。诚然,夫妻之间有互不隐瞒、坦诚相见的义务。但是,如果双方各自有一些不便启齿且又无伤大雅的隐私都毫不保留地"曝光",虽能得到对方暂时的宽恕和安慰,但却更容易破坏各自在对方心目中的美好形象,甚至给幸福和睦的家庭蒙上不必要的阴影。由此可见,必要的隐瞒、善意的欺骗往往会取得好心的坦诚所不能企盼达到的境界。这种"隐私"不仅能勾起你丰富的想象,并能从中得到特有的、新的乐趣。

夫妻间应讲点"废话"

一般说来,讲废话被视为一种浪费。其实,除了哑巴,谁也免不了说废话。如熟人见面先问一句好,客人来访先寒暄一番,大都是废话。

至于夫妻之间更是离不开"废话"。恋爱时,废话连篇,大都是通过一些琐碎而无关紧要的"废话"来倾诉柔情蜜意。蜜月中,百听不厌的恐怕就是那句大废话"我爱你"。以后这种废话慢慢减少是自然的,但"废话"过少,甚至全无废话,只剩下干干巴巴的实话,夫妻关系恐怕也不妙。

妻子大冷天洗衣服,你不妨讲一句:"今天洗衣服蛮冷的,你辛苦了。"妻子当然能听出这"废话"里有你的感激和体贴。如果妻子遇到不顺心的事,丈夫就更应多讲些"废话"。比如她掉了钱包,丈夫听到后讲点"废话"。"掉了就掉了(当然只能掉了),我马上发工资了(这些情况妻子也清楚)。"其效果便是"真情似水,废话似金"了。

但"废话"也并非越多越好。丈夫出差,妻子没完没了地重复着:"在外面要当心,钞票放好,不要丢了,事情办好就回来……"丈夫即使

嘴里不说,心里免不了嘀咕:"真唠叨,怎么这样不放心,管得这么紧!"

夫妻间交谈,应根据个性、问题、情景等诸多因素来决定,但首先应该懂得:夫妻间的"废话"是传达感情、信任、尊重的信息波。

夫妻间不妨有点"有效的争吵"

生活中,不论青年、中年、抑或老年夫妻间,在火气正旺的时候,难免要发生争吵。其实婚姻中的争吵是交流的一种健康手段,因为争吵能减轻心理压力,一次争吵可以给夫妻带来平衡,更好地了解彼此间的不同点。但它同样可以成为一种相互攻击或表现敌意的出气孔,结果恰恰是强化了彼此间的束缚。造成这种截然不同的积极或消极结果的原因,在于夫妻是否了解应该如何进行公平的争吵。

首先,争吵应选择双方都同意的时间和地点。这样做也许相当困难,甚至不可能做到,但"掌握时机"的问题还是可以解决的。

其次,争吵时,应把愤怒的焦点集中在现实问题上,注意现在而不是过去。大多数夫妻在争吵时,一种常见的公式就是翻出陈年旧账,把对方昨天的错误当成自己今天的武器。为了建设性的争吵,夫妻双方应该忘掉过去的争吵和批评,把眼光集中在此时此地。

第三,要了解为什么争吵。琐碎的争端可能仅仅发源于一些微不足道的苦恼,但有些时候它们或许会把真正的中心问题弄得更糟。譬如一个愤怒的妻子要明白,她是真的在数落丈夫的邋遢,还是对他的全部加班时间抱有怀疑呢?夫妻间应为那些真正令人羞恼的事情争吵。

第四,夫妻双方永远不要想取得胜利。如果夫妻间的一方必须胜利,那么,另一方就注定失败,而一方的失败,就意味着双方都失败了。

7. 夫妻要创造家庭的和谐气氛

家庭中最不适宜议论家事的时间是下午5～7时,而最适宜的时间,则在晚上8时左右。

下午5～7时这段时间,是一日之中最"危险"的时间,是夫妻议论家事极易产生冲突的时刻。因为外出工作的夫妻,都很疲劳困倦,身心状态均处于最低潮。除了由困倦而导致注意力无法集中之外,心情亦多数焦躁紧张,夫妻无法心平气和,稍一不慎,便会无法自制地各走极端,弄得极不愉快。

　　到了晚上8时左右,饭后的松弛状态使夫妻恢复了对事物的反应灵敏度,心情也比较开朗。此时议论家事,不但获得的成功机会较多,而且夫妻吵架的现象亦会减少。

　　在日常生活中,很多做妻子的,往往在丈夫下班回家之际,便向他叨叨不休,把各种家庭小事向他倾诉或要求处理解决,这种不明智的做法,通常会使丈夫感到厌烦。

　　按理说,夫妻俩有一个脾气不好,就很难相处了;夫妻俩脾气若都不好,相处就更难了。但是,现实生活中,确实有不少脾气不好或不大好的夫妻,却相处得很恩爱,这是为什么呢?

　　关键是爱与体谅,这比什么都重要。有个孩子问妈妈:"爸爸为啥爱在你面前发脾气呢?"妈妈笑着对他说:"那是因为妈妈是爸爸最亲的人呀!"事实也是如此。每个人的工作和生活不会总是一帆风顺,当遇到挫折或与同事闹了别扭时,心里不痛快,在别人面前不会轻易发泄。回到家里,在亲人面前,常被一丁点儿小事激发出来而发脾气。这一点应该理解,不能求全责备。爱的本身就包含体谅。爱得越深,就越能体谅。有人说得好,爱一个人应该包括爱他(她)的缺点。这里的"爱",就是宽容、体谅。如果夫妻俩都能这样想,这样做,都能体谅对方,坏脾气就不会兴风作浪。

　　夫妻俩应该学会观察和掌握"火候"。在对方发脾气时,你就多容忍,压住自己的火气,即他发火,你就不发,切不可针锋相对。

　　当然,单纯依靠对方的宽容和谅解并不能解决问题,这仅仅是第一步。如何解决这个棘手的问题,应该求助于心理学。夫妻双方都应该学习、掌握一些心理学常识,了解自己和爱人究竟属于哪一种气质,即摸透自己和对方的脾气都有哪些特点。特别是知道对方在什么情况下好发脾气,哪些情况又不大发脾气。每个脾气不好的人,都有自己独特的发作规律。夫妻双方若都能了解这些规律,有的放矢地防范,就会收到事半功倍的效果。应该强调的是:坏脾气毕竟是一种缺点,任它泛滥,不仅伤人,也会害己。因此,夫妻双方都应该下决心改掉自己的坏脾气。

8. 夫妻心理相容的方法有哪些

在家庭中能享受甜蜜爱情的人,总说他们"合得来",离婚的人则说他们"合不来"。从心理学上讲,所谓"合得来"就是心理相容,反之就是心理相悖。心理相容主要是指人们的思想意识、情操、志向、信念、兴趣、爱好等方面的合拍与协调。

那么,都在上班的夫妻之间如何做到心理相容呢?

相互尊重:夫妻彼此尊重是家庭幸福的重要条件。因此,夫妻间不会因为职位高低、能力大小而影响相互尊重。"男尊女卑"、"夫唱妇随"或"妻管严"的思想意识,将有损于爱情的巩固与发展。夫妻间相互讽刺挖苦,冷嘲热讽,侮辱人格,甚至打骂将严重地动摇原有的爱情基础。

相互忠贞:忠贞是爱情的基础,也是爱情结构中的基本因素。爱情应执著专一,绝不是朝秦暮楚,脚踏两只船。夫妻间的忠贞,并非将爱人当作自己的附属品,否则就降低了爱情的价值,玷污了爱情。

相互信任:夫妻都要支持对方的正常社会交往,不可为此捕风捉影,疑神疑鬼,一旦有疑虑,要开诚布公,及时交换意见,消除误会,加深了解。

相互吸引:不少人婚后由于家庭事务繁重,不求上进,不注意个人卫生,甚至不修边幅,这就无意中冲淡了性爱的吸引力。因此,夫妻都要增强自己的吸引力,使爱情不断更新。

另外,许多夫妻整天守在一起,以为这样才是真正的相爱,其实适当的分离可以增加相互间的吸引。夫妻之间的短暂分别,通过书信往来等形式相互交流,会使双方的感情基础更加牢固。

9. 教师夫妻怎样相互调和矛盾

夫妻在共同生活中,要想对任何事都保持观点一致是不可能的,不发生一点矛盾也是不客观的。有时双方总会有不同看法,甚至争吵起来。此时应怎样正确对待才不致使矛盾激化而重归于好呢?以下列十法,以供参考。

冷处理:发生争吵时,双方都要遵循"冷处理"的原则,不要老想占上风,也不可非要对方服从自己的观点而喋喋不休。因为在双方都有火气的情况下,一些问题一下子是讲不清楚的,要有互让的精神,待冷静一段时间再处理,反倒容易解决。

倾听对方意见:任何一方都不应只强调自己的道理,而不注意听取对方的意见。

抑制冲动:在阐述自己的意见时,应心平气和,把道理讲清楚,不要太冲动,声音不应太大,这样才不会被对方认为你是在以势压人。

勿揭短:在争吵中切莫攻击对方的"弱点"或揭对方的"短处",也不要扩大争论的范围和算旧账,这样做会使矛盾激化,甚至导致感情破裂。

切忌打骂:不能以辱骂代替说理,更不能"动手",以免造成难以弥补的精神创伤。

少争吵:若一方是处于身心疲劳或遇到不愉快的事而心情烦躁或是酒后,另一方应尽量避免争吵。因为这时往往不够理智或情绪上易激动。

不赌气离家:争吵时,任何一方不应赌气离家而去,这样会使关系变僵。

不赌气分居:争吵后不要就此分房或分床睡而互不理睬。如此做双方情绪不易平静,也不利关系改善。

不记恨:争吵后不论谁胜谁负,都不要以胜利者自居或有失败者丧气的情绪,这样会妨碍关系的改善。

不轻言离婚:任何一方不要以离婚来威胁对方,这容易造成误会,有时还会弄假成真,酿成不可收拾的后果。

10.教师夫妻要建立理解和信任

夫妻之间由于个性的差异,兴趣、需要不尽相同,对事物的认识不完全一致,在生活中,难免发生龃龉和争吵,这本不足为怪。但长此以往而又处理不善,难免会造成感情上无法弥补的裂痕,最后以婚姻破裂告终。

心理学家认为造成这种不良后果的原因之一,是夫妻之间缺乏相互尊重、谅解和沟通,缺乏心理的调节和适应。有人曾把家庭喻为生活的避风港,在家庭里需要充满坦诚、温暖、相互信任和支持、互相尊重的和睦气氛。但有些夫妻却反其道而行之,他们认为,长期在一起生活,根本不需客气和礼貌,往往出言不逊,伤害了对方的自尊心;有的过分强调自己的个性爱好,不能互相容忍、体谅,损害了对方的人格;有的长期缺乏思想和情感的交流,对生活中的问题、委屈、误解没有互相沟通,以至造成种种的误会。那么,如何通过心理调节以保持夫妻和睦、恩爱如初呢?

改变对方的不良行为要有耐心,在不损伤对方自尊心的前提下,用幽默的语言或特殊的方式传递你的愿望。如果你的丈夫很懒,作为妻子可温柔地对丈夫说:"我今天的功劳可不小,你的脏衣服全洗好啦!"这比你的大声呵责丈夫;"你这个懒骨头,我今天洗你的脏衣服,人都快累死了!"显然,前者比后者更为奏效。

多采用一些委婉的说法,尽量避免直接批评,尤其是批评他(她)的个性和品行。如用"在这种场合下我对你的行为并不满意和欣赏"替代"我知道你是一个非常自私的家伙'",更能达到帮助对方的目的。

夫妻之间要善于沟通,尽量避免争吵。一旦出现争吵,要尽快使双方冷静下来。德国音乐家梅亚贝尔,一天为一点小事和妻子彼此发生争吵,盛怒中他控制住自己,弹起了肖邦的《夜曲》,优美动听的爱情旋律,令夫妻两人如痴如醉,怒气顿时烟消云散,言归于好。

贵在理解,相互信任,尽量避免对对方的思想和行为作主观的臆测。如果一方有心事或情绪低落,另一方就要细心地查找原因,并予以关心和帮助,而不是毫无根据的猜疑。如果爱人这样对你说:"你不要骗我,你是什么东西,我知道得一清二楚。"恐怕大多数人听了都会不快和反感。

11. 现代教师怎样走出婚姻危机

婚姻危机在当前有一定的代表性。如何正视这一危机,并从危机中走出来,冷静处理矛盾,消除危机,在动态中维护家庭的幸福和稳定。至少需要思考4个问题:

夫妻之间能否消除阴影,重修旧好

婚姻,是两个独立的人产生了强烈感情和对未来婚姻、家庭生活的美好憧憬走到一起。然而随着时间推移,一方变得不满意,不满足了,或双方都变得不满足了,昔日的向心力被离心力所代替,使他们各自向相反的方向越走越远。在婚姻生活中为什么会产生这么强的离心力呢?这来源于夫妻间感情的退潮,因为婚姻一开始就以相互间的感情为基础,而感情来自于相互需要的满足和人生目标的变化发展。当一个家庭内部活动都变得程序化了,夫妻之间也以程序化的态度对待生活,没有撩拨人心的情景,没有共同的追求目标,这个家庭在感情上也就进入了灰色的季节,失去了应有的生机。而人天性有感情的需求,有新奇的渴望,于是有一天在家庭中得不到满足的他(或她)会冲破道德的束缚,跨出了遗憾的一步。防止夫妻感情变化的根本出路还在于提高感情生活的质量,使夫妻感情常过常新。从感情上讲,为对方如何做,比做什么、做多少更为重要。

如果夫妻双方已经出现感情淡化,更需要共同努力,树立信心,建立新的温情。

夫妻要想恩爱如初,会有哪些障碍

丈夫移情别恋,作为和妻子母亲不仅需要维护家庭,而且还需要创造出轻松、温馨的心理气氛。作为女性,带着受伤的心做到这一点会有一定难度,这种困难首先就表现为心理上的障碍,能否顺利地通过自我调节克服这种障碍,有必要注意以下几个方面:

恰当地估价丈夫感情移位的程度及其对自己、对家庭的影响。当丈夫还没有在感情上一边倒,而且道义和责任的约束对女方是很有利的,因此,女方应该有信心,不要为恐惧所左右。

全面分析丈夫感情移位的原因,反思自己的婚姻和家庭生活是否有所欠缺,自己是否对此负有责任。现实而有效的态度不是找丈夫吵闹,而是加强沟通,勇于承担责任。

合理认识丈夫的人品和错误之间的关系。他在特定的情景下做错了一件事,偏离了道德和家庭责任的航线,而不能就因这一件事说他是一个"不道德的人",把一次性错误"固定"下来。

如果一方知错悔改,另一方应该看远一点,真正地原谅对方。有人说:"我能够原谅,但我不能忘却",这句话就等于"我不原谅"。原谅应该像一张注销的票据。铭记在心的原谅和耿耿于怀的原谅都会使试图治愈的伤口重新裂开。

如何走出婚姻危机

要提高婚姻家庭生活的质量,在动态发展中维护家庭的幸福与稳定

极为重要。为此,注意做到以下几个方面:

不论采取哪种方式,都要抱着耐心、诚实的态度和想把问题解决好的愿望来对待问题,把自己的注意力集中在会对你的婚姻和自己的一生具有真正意义的什么上。

在思想感情上与对方加强沟通,了解对方移情的原因(包括家庭的、个人心理的和第三方的),用建议性的态度共同探讨今后家庭生活的发展和婚姻生活的改善。

提高爱的能力,改善感情生活的质量。提高爱的能力是改善感情生活质量的前提,应引起全社会的重视。

有意识地抛开一些工作、家务的羁绊,增加两人单独相处的时间。

发扬自己的优点,改正自己的缺点,不断完善自身素质和外在形象,以一个更完美、更具魅力的形象显现在对方面前,以改变对方的旧看法,给对方一种崭新的、富有魅力的印象,让他对你作出新的评价。要想使爱情之树长青,仅仅有一颗爱的心是很不够的,还需要保持一种危机意识,确立家庭中自我形象意识,提高爱的能力。

12. 青年教师调节心志的方法

青年教师不像少年时期那样轻易地相信别人,或者轻率地发表意见,朝着"三思而后行"的方向发展。他们有独立的见解,容易怀疑和争论,不再轻信权威,观察力和记忆力强,想象丰富。

但青年教师缺乏社会经验,在认识上容易犯片面性的毛病,有些人甚至固执己见,不肯接受正确的意见,不肯改变错误的观点,经常受到中老年人的批评。为此,应该帮助青年教师加强修养,客观地处理问题,尽快地成熟起来。

在情感上,青年教师开始有了成熟的性意识,公开了爱慕异性的内心秘密,对爱情有着强烈的追求。他们不仅注意衣着打扮,而且注意言行举止。总之,他们的情感世界丰富多彩,对情绪、情感的自我控制能力有很大提高。

因思想不太成熟,青年人的情绪和情感有时候容易与理智产生冲突,采取不计后果的行动,这是在做青年教师工作时应该注意的。

在个性上,青年人的心理特征已经成熟,喜欢憧憬美好的未来,对未来抱着美好的幻想,使他们进取心强,积极向上,充满青春的朝气。但他们容易急于求成,做事不太现实,在现实面前容易遭到挫折,容易失望。

青年教师已经能够正确地评价自己,自尊心比较强,"年轻好胜"。"好胜"既有积极的一面,也有消极的一面,如果引导得好,成为进取的动力;引导得不好,容易犯错误、走弯路。

青年人有强烈的求知欲望,兴趣广泛,但容易上当受骗。青年人的兴趣往往与志向有很大的关系。

随着认识水平的提高,青年人的意志力也得到了发展。他们对学习、工作、生活的目的性有了很大的改变,为实现理想而奋斗。

13. 中年教师的心理特点是什么

中年期即45~65岁。中年阶段,因为年龄跨度较大。人们在文化教育、职业、环境等方面的不同,其心理特点也不同。

但中年男性的心理特征主要是观察力强,注意力集中,思维敏锐,情感深沉,意志坚强,好静不好动,具有高度责任感等。而中年女性感性认识丰富,感情外露,善于料理家务等。

中年人最突出的特点是上有老,下有小,一人充当几种角色。他们既要工作,又要学习,又要照顾家庭,感受到角色冲突和角色超负荷的压力。例如,女教师面临着既要工作又要养儿育女的双重责任,家庭角色和工作角色的冲突难以解决时,往往是女教师做出牺牲。

大多数中年人意志坚强,善于支配情感。他们能战胜社会、工作、事业和家庭带来的各种困难,吃苦耐劳。当他们遇到困难时,能够抑制冲动;当他们愤怒、忧虑时,能够控制情感,表现得沉着、冷静。

中年人年富力强,观察敏锐,记忆力好,思想进步,是出人才、出成果的大好时机。许多科学家、作家、医生、艺术家,都是在中年期显现才华的。但是中国几千年来的封建思想的影响,在部分中年妇女身上表现出强烈的依赖心理。

另外,中年妇女要在中年阶段度过更年期。对于处于更年期的妇女,应在生活上多加关心,在精神上多开导。

每个中年教师由于年龄的差异和所受的教育层次不同、文化修养不同等等,完整地把握每个中年教师的规律性的心理特点,是做好中年教师工作的前提。

14. 更年期教师的心理表现特征

更年期是生命周期中从中年向老年过渡的时期,女性一般在45至55岁之间,男性一般在50至60岁之间。在更年期阶段能够充分体现生理、心理和社会因素的相互作用。

处于更年期的人逐渐走向衰老,身体各器官和各个组织都出现退化,其功能和代谢上出现相应的变化,其中性能力的减退最明显。

女性更年期是卵巢功能逐渐消失的时期,卵巢分泌雌二醇的量逐渐减少,黄体功能逐渐消失。约有70%至90%的妇女的卵巢功能减退比较缓慢,能够正常地度过更年期,不会发生心理症状。另外一部分妇女,由于卵巢内分泌功能减退的速度快,植物神经系统无法适应而出现各种心理症状。

由于卵巢分泌功能的停止影响脑垂体等内分泌器官的功能,大脑皮质和皮质下植物神经系统的功能会失调,从而使神经系统活动出现紊乱,降低肠胃功能,造成身体和心理上的不适应,这就是构成更年期心理障碍的基础。

而男性更年期的发展比女性普遍缓慢,经常表现得不明显。更年期造成组织和功能器官的衰退,对外界环境的适应能力降低,故处于更年期的人,其心理十分脆弱和不稳定,容易发生心理障碍和器质性疾病。

在各种因素的刺激下,比如挫折、丧偶、丧子、孤独、生活紧张和安全受到威胁等,都是更年期心理障碍的诱发因素。

更年期的心理障碍受到神经内分泌变化的影响,还受到社会心理因素的影响。

更年期的心理障碍因人而异,一般在出现性生理的褪变以后,有的人出现情感障碍,情绪低落,焦虑和恐惧,厌倦双亲,与子女关系紧张等;有的人表现为偏执、多疑、嫉妒、妄想等。具有神经质性格的人或者受到精神创伤的人,这种心理反应更加强烈,容易患更年期综合症或者更年期忧郁症。

更年期综合症的常见症状为头晕、失眠、手抖、烦躁、易激怒、情绪低落、心悸、面部潮红、肢体麻木、多汗、食欲减退等。

更年期的心理障碍因性别而异,而且因人而异,其表现的程度、时间的长短差异很大。

更年期是不稳定的变化时期,容易诱发植物神经系统功能失调,特别是精神紧张的妇女,容易有焦虑、急躁、失眠、借故生事、肢体麻木、疲乏、头晕、头痛等不正常的心理状态。

女性出现更年期的心理障碍者十分苦恼、伤感、孤独,与人们的关系不和谐。在碰到不如意的事情时,这种症状更为突出。这些症状的出现与绝经的关系很大,只是暂时现象,经过一段时间后逐渐消失。

为了维护和增进中年教师的身心健康,应该对处于更年期的人群给予更多的关心和照顾。向缺乏心理卫生常识的中年人说明,更年期是符合人生客观规律的过程,对因此而引起的生理改变和心理变化作详尽的说明,消除不必要的紧张。

要正确区分疾病和各种功能性不适,及时到医院检查,防止器质性疾病的误诊;除了注意身体保健以外,要特别注意心理保健,比如,家庭环境的稳定,心情舒畅,合理安排生活,从事力所能及的工作,维护人际关系的和谐,坚持体育锻炼,乐观地看到未来,以积极的心态面对老年期的到来等等。

15. 离婚女教师如何摆脱孤独心理

离婚女性孤独之感油然而生,顾影自怜,希望受到同情、理解和尊重。离婚后的妇女,在社会交往中渴望正常地同人交往。

人们常在离婚女性的背后妄加非议,于是离婚女性怕人们议论,不愿与人多接触,采取消极的态度。

为了摆脱种种烦恼,离婚女性应该不断地进行心理调节。

离婚女性应该保持自尊心,不要以为离婚就不如别人。不管别人怎样看你,自己要喜欢自己。不愿与别人相处,其孤独的根源主要在于自己。

应想办法发挥长处,遮掩短处。要善于通过工作把优点显示出来,使人生充实起来。多给自己奖励,增强信心。

孤身不等于寂寞,一个人在独处时做些喜欢的事情,就不会感到寂寞了。

不要总是抱着寻找白马王子的心理。有些离婚女性急着再婚找对象,结果没有找到合适的人选,更加感到孤独。

对自己很好的朋友,要维系与他们的友情。对自己评价不好的人,伤害自己的人,要远离他们。面对可能与自己建立婚姻关系的男性,要尽力培养。千万不要对与自己关系很好的人冷淡下来,这样会感到更加孤独。

1. 教师的工作纪律自控

迟到以后

由于酒喝多了、彻夜未眠、身体不适等原因,上班迟到了。不管有什么理由,只要上班晚了,就应该早点与工作单位联系,这是礼仪。

应该尽早地简短地向单位说明,为什么晚了,现在已到什么位置,几点能到单位。

即使有正当理由,例如电车晚点等,也要与单位联系。

到了单位以后,首先要向单位领导说明迟到的原因,例如"家属病了"、"突然肚子痛"等等,理由正当,也要说"对不起",这时要注意不能回避,应坦率地承认错误并道歉。同时,也要向一起工作的同事们道一声歉。

要切记,作为社会的一员,一定要遵守时间,不能经常迟到,这是最起码的礼仪。

缺勤、早退要提前联系

因家务事而缺勤、早退时,要提前向领导报告,并必须得到同意。因突然生病、外伤不能到学校时,应该亲自与单位联系;只有患重病时,才由亲属替自己请假。

另外,不管有什么事,绝对不允许无故缺勤。这种情况重复出现多次,就会成为被解雇的理由了。主动与单位联系不仅是自己的事情,也是为了工作。

休假要提前打招呼

在学校中工作,就要为学校着想,带工资休假尽量避开特别忙或人手不够的时候,还应该提出申请,得到批准后再休假。休假前要把时间安排好,不能影响周围人的工作。

不打私人电话

在工作时间,不能打私人电话,如果是外边来的电话也不能絮絮叨叨说个没完没了。如果打个人电话很频繁,给别人造成不会约束自己的坏印象,那就太得不偿失了。

出去办事直去直回

早晨不先到学校而是直接去办事,回来的时候,不回学校而是直接回家。看起来这似乎是合理的,但实际上容易引起误解,不管你有多忙,别人对你的印象也不会好。无论如何,如果是早晨必须早去的地方,或者去的地方较远,只要晚不了,就要到学校报个到,然后再去办事。平时外出时,就要把去的地方、访问时间、电话号码以及回学校的时间搞清楚。只要密切地与学校保持联系,偶尔直接外出办事,即使没打招呼,周围的同事也会理解。

2. 教师的说话艺术培养

以前的人不太顾虑他人对事物的看法、想法和观念的不相同,都认为只要用正确的言语传达自己的意思就行了。其实所谓正确与否,并非说话者单方面就能决定的。如果我们在说话之前忽视了听话者的心理和反应,说话的人即使是按照字典上的定义正确使用每一个词句,也很难将自己的本意正确地传给听话的人。无论如何慎重地斟酌词句,依旧会产生料想不到的差错和误解。

从另一个方面来说,说话者虽然有发言的权利,但是听者却具有决定内容效果的权力。一旦听话者认为这句话指的是白的,任凭你如何说明这是黑的,也无法改变听者已经认定的意思。人们在听话时都会做各自不同的决定,因此说话的人必须力求所表达的言辞和听者决定的结果能够一致。

一般人都有注重词句、依靠词句而说话的倾向,但为人所依靠的词句本身其实并不可靠,因为语言的涵义不断在变,因时因地而有不同解释,"言者无心,听者有意",出自说话者口中一句很平常的话,在听者心里可能会引起轩然大波,所以我们必须仔细分析使用语言的各种条件。

顺着前面的思维推论下来,必须知道,如果我们说话时不了解对方受到何种观念的束缚,便无法正确地将自己所要表述的内容传达给对方。首先,我们必须了解对方的观念,然后才能有的放矢。是要说服的,就破除这种观念;是要发扬的,就进一步加以引导。对付那些不愿意听我们说话的人,最有效的方法就是举出具体普通的生活实例,来吸引听者的注意,引起他们的关心,让听讲者感到,说话的人也拥有与他们同样的生活和学术感受,使他们所认为的切身问题,能够在你所说的话语中得到答案,消除听话者与说话者之间的隔阂。

其次是要说中听而有趣的话,从有趣的话题中引入正题。如果说话的是位尊者,千万不能摆出一副高高在上、大人物的姿态,这样,必定会加深听者的成见,应该平等而商、共同议事;如果是位卑者,也不要唯唯诺诺、吞吞吐吐,这样会被听者看不起,视为没骨气。总之,要大胆地将自己所要说的内容陈述出来,做到不亢不卑。

再次是见什么人说什么话。孔子所提倡的"因材施教"的教育原则,虽历经千百年,仍为当今的教育工作者们所遵循。如果将它引用到说话方面,我们也可以说是"因人说话",只有重视个别的差异、个别的需要,才能使我们的说话获得圆满的成功。

3. 按照对方性格考虑说话方法

芸芸众生,黑白难分,依照各人的性格和当时的状况来考虑说话的方法是绝对必要的。下面列举一些有代表性的性格及说话时的对应方法:

社交型

这种类型的人活泼、明朗,是爱好和平的人,不喜与人争,行为正直,常识丰富,易妥协于人,但缺乏周密的考虑。对这种人只需提出问题,即可达到目的。圆脸的人,稍微肥胖者,大多属于这种类型。

非社交型

这种类型的人喜欢独处,看不起一切通俗型的事物,好与人争辩,以事事讲求道理的理论派自居,不会奉承、恭维别人,好恶感十分强烈。类似这种类型的人,似乎把自己封闭在一个笼子里,欲以丰富的情感去打动他是不可能的,所以必须根据逻辑的推理、循循善诱的劝说,才能打开其闭锁的心。对这种人必须谨慎应付,长脸尖下巴的人,大半属于这种类型。

固执型

这种类型的人动作缓慢,做事认真,但是却不得要领,缺乏技巧,一言以蔽之,就是不够干净利落。十分遵守时间,但较顽固,不轻易赞同他人的意见。肩膀宽、脖子粗、体格健壮的人多属于这一类型。

夸耀型

这种类型的人自我观念强烈,善妒,依赖心理很强,好虚荣、怕权威。表面上鄙视荣誉,内心里却十分渴望得到。往往依附于伟大人物,以夸自己的威势,对这种人他表示敬意便雀跃不已,所以只要把自己所要办的事情实实在在地告诉他即可。

4. 跳出人际是非圈

生活中有些人,专门爱说别人的闲话,议论他人的是非,经常会给别人带来不必要的麻烦。如果我们遇到了这样的人,最好的应对办法就是对他说出的话充耳不闻,继续做自己该做的事,相信谣言一定有不攻自破的那一天。

待人处世中，有人之所以会对别人品头论足，完全是把自己和别人相比较而产生的结果。也许他本来就怀有某种自我怜悯的情绪，或者对强于自己的人天生抱有一种嫉妒的心理。比如，甲乙两人干同一工种，甲头脑灵活，手脚勤快，产值利润高，工资奖金自然就高。乙如果是个脸皮薄小心眼的人，自卑之余肯定会产生强烈的嫉妒。即使表面不说什么，心里却总以为人家偷工减料了，吹牛拍马了，设备先进了等等。受这种心理因素的支配，乙才会无中生有，造谣生事。而如果甲受到了谣言的影响，就自然无法和乙继续共事，还会对自己的工作造成不利的影响。

无论是在工作中，还是在生活中，只有不受闲言蜚语的影响，我们才能腾出时间和精力来做自己该做的事，并有能力把它做好。

杰斯特·哈斯顿是个地地道道的黑人，却算得上是美国国宝。因为美国境内所有的合唱团，都免不了唱两首他的歌曲，而在黑人灵魂音乐的创作上，他也是世界级的顶尖高手，无人能望其项背。有一次别人问他说："杰斯特，你有没有遭受过种族歧视呢？"

"哦，我这辈子一直都受到歧视。不过，我认为自己不该反应过度。因此，我尝试对别人的歧视充耳不闻。虽然，我无法完全释怀，但我从不记恨，脸上任何时候都不表现出来。"

正是由于这个原因他一直都是不同种族间的沟通桥梁。他的歌曲突破种族的歧视，唱遍世界各地。

现实生活中，凡不能正确对待别人的人，就一定不能正确地对待自己。见到别人做出成绩，出了名，就认为那有什么了不起，甚至千方百计诋毁贬损别人，见到别人不如自己又冷嘲热讽，借压低别人来抬高自己。处处要求别人尊重自己，而自己却不去尊重别人。在处理重大问题上，意气用事，我行我素，主观武断。像这样的人，干事业、搞工作，成事不足，败事有余，在社会上恐怕也很难与别人和睦相处。

所以,如果有一些无聊的人散布谣言,进行恶语中伤,我们也一定不要被他们打倒,因为人生如此短暂和宝贵,要做的事情太多,何必为这种令人不愉快的事情浪费时间呢?

知道自己该干什么和不该干什么,知道什么事情应该认真,什么事情可以不屑一顾。当然,要真正做到这一点是很不容易的,需要经过长期的磨炼。如果我们明确了哪些事情可以不认真,可以敷衍了事,我们就能腾出时间和精力,全力以赴认真地去做该做的事,我们成功的机会就会大大增加。与此同时,由于我们的坦诚和豁达,不与人计较,人们就会乐于同我们交往,我们的朋友就会越来越多,事业的成功伴随着社交的成功,岂非人生一大幸事?

5. 勇敢亮出自己的思想、见解和方法

在现代社会,要参加激烈的竞争,最忌讳跟在别人的屁股后面随大流,虽然这样看上去比较保险,不会损失一分一毫,但是,人走我随,亦步亦趋,将永无成功之日,只会被现实所淹没。只有让自己变得与众不同,我们才能够离开别人走熟的途径,闯入一个新的境界。

没有人能够因仿效他人而获得成功。哪怕他是仿效一个伟大的成功者。成功不能从抄袭、模仿中得来。成功是必须经过创造完成的。一个人一旦丧失自我,他就会失败。

我们身边的每种职业,都有可以改进的余地。有创造力的人,永远不怕没有用武之地。

有一位叫刘耀庭的人就有一绝——为小提琴诊断看病,经他的手给以"针刺",小提琴立刻变得音色美妙,令世人称奇。刘耀庭的这手绝活就是自己摸索出来的。他大学毕业分到北大荒一个农场工作。他学的是中文,研究过美学。后来,他开始沉湎于对小提琴的起源和发展的研

究,研究三百年来世界音乐界对小提琴美妙音色的来源和各种争议。之后他开始作动态研究,从刮削琴体的各个部位入手,探寻琴板厚薄与音乐之间的关系。时间长了,琴板刮削之后显露出的一道道清晰而又神奇的纹理引起了他的注意。他试探着改变某些木纹结构,结果一种奇特现象出现了,相关的琴音发生变化。经过多次摸索,他终于把握住了琴板木纹和琴声之间关系的规律,练出了一手通过改变纹理纠正琴音的绝技。

刘耀庭就是在一个冷门中钻出成绩,形成绝技,在这个领域中创造出无人匹敌的独到优势,成了难得的人才。自然,这绝技也就成为赢得机遇的资本。可见,从捕捉成功机遇的角度看,走别人没有走过的路,在冷门上建立优势是十分容易出成果的。

不要担心主张或计划没有先例,虽然我们年纪轻轻,阅历不多,不一定会为人所尊重。但凡是能够将自己的创造力奉献给世界的人,凡是敢用自己的思想,敢用自己的见解和方法的人,最容易在创造中获得成功并被人们所接受。

6. 把梦想化为成功的动力

一个人不能没有梦想;即使生活于困境之中,有梦想就能看到希望。梦想是成事的起点,只要有了简洁有力的行动的推动,白日梦也照样能够做美。

我们经常会做和现实相距甚远的"白日梦",而且,经常用这种"白日梦"来自慰,甚至拿来当成自己的希望,当成自己的梦想来追求。

其实,将"白日梦"当成自己追求的目标,也没有什么不可以,因为有时候梦想也会成为前进的动力。

很多书画作家长达几年地专攻一幅画作、一本小说或一部戏剧,他们过着完全没有保障的生活,常常陷入贫困、经济拮据,但是所有这一切他们都可以置之不顾,只为了能够使自己的梦想成真。

福特(1863～1947年),出生于美国密歇根州迪尔本村。他一直想生产大众型汽车,但这在当时只是一个伟大的梦想,要实现它注定要付出巨大代价,然而,福特为了自己的追求面对了这一切。

首先是知识的不足和资金的严重缺乏。为此,他一边谋生,一边学习;为此,他熬过了无数不眠之夜,眼睛总是充满血丝;为此,他和妻子搬了几次家,连他自己都记不清了;为此,他们节衣缩食,但仍然是债台高筑。他在不到两年内办了两个公司,但先后被别人驱逐出门,公司只好倒闭……

然而,缺衣少食的折磨和公司倒闭的巨大压力并没有使他屈服,他以坚定的信念挺了过来,执著地朝着目标走去。

为了科研开发,他到了着魔的程度。屋外白雪皑皑,屋内冰冻严寒,他的手指都不能伸直,只好戴上拳击手套乱打一会儿,再投入工作……

终于,幸运之神向他降临。他生产的T型车,改变了汽车为富人独占的历史,改变了人们的思维方式、人与人之间的关系,把人类推向了一个新时代。

只要我们是一位不安于现状的人,只要我们是个想要有所作为的人,都会把梦想当作自己前进的动力,去追求更大的成功。

7. 把祈祷变成实际行动

梦想与现实之间距离有多远?坐而待之,永远遥不可及;立即行动,则伸手可探。

有个落魄不得志的中年人每隔三两天就到教堂祈祷,而且他的祷告词几乎每次都相同。

第一次他到教堂时,跪在圣坛前,虔诚地低语:"上帝啊,请念在我多年来敬畏您的份上,让我中一次彩票吧,阿门!"

几天后,他又垂头丧气地回到教堂,同样跪着祈祷:"上帝啊,为何不让我中彩票?我愿意更谦卑地来服侍您,求您让我中一次彩票吧,阿门!"

又过了几天,他再次出现在教堂,同样重复他的祈祷。如此周而复始,不间断地祈求着。

到了最后一次,他跪着:"我的上帝,为何您不垂听我的祈求?让我中彩票吧!只要一次,让我解决所有困难,我愿终身奉献,专心侍奉您……"

就在这时,圣坛上空发出一阵宏伟庄严的声音:"我一直垂听你的祷告。可是,最起码,你也该先去买一张彩票吧!"

世界上有许多这样的人,他们虽然怀有"成就一番事业"的愿望,但却迟迟不见行动。

为了实现自己的梦想,首先必须将强烈的愿望化为明确的具体目标,并且立即朝此目标彻底行动起来。

在达到目标的过程中,道路绝不是平坦的,中间既有高山也有狭谷,不管信念多么坚定,毫无例外地都要备尝挫折和徒劳的滋味。

8. 怎样做出正确的抉择

准确地说,我们现在的生活就是这样,这是自己做出的一系列选择的结果。在我们人生的此时此刻,恰好就是这样,这都是那些选择的直接结果。我们正是通过在人生征途上做出的各种选择来创造自己的生活。好的选择就会有好的结果;不好的选择就等于不好的结果。我们的选择是自己独有的,而不属于其他任何人。最终,只有自己可以判定,某一个选择对自己而言是否是最优的。

一旦我们确立了某个目标并为之不懈努力,生活的确会变得非常有意义。到现在为止还没有确定自己人生目标的人是在拿自己的未来做赌注,这样的选择是很糟糕的,而且他的人生也注定是一场失败的赌博。没有目标的人会受生活中环境条件的左右,随波逐流。

区分"解决问题"和"制定决策"是很重要的。问题就是需要找到解决方案的情境。当目前的形势与理想的情形之间有差距时,问题就产生了。

差距决策则是在各个解决方案之间做出的一种选择。这里有各种各样的情况:一个问题需要一个决策,一个问题需要十个决策,或者多个问题需要多个决策。每种情况都需要进行稍微不同的分析。决策的性质决定了制定决策所需要耗费的时间和研究量的多少。关系到个人生活和事业发展方向的决策是至关重要的,因而绝不可掉以轻心。请牢记,我们做出或者没有做出的每一个决策都会产生一定的结果。

为了做出好的决策,有必要证明自己具备良好的判断力。判断就是在最终做出选择之前权衡备选的各个行动方案。在表现出卓越的判断力时制定决策的能力是一种可以通过学习掌握的技巧。制定决策和运用上乘的判断力是两种不同的技能,懂得这一点是非常重要的。要记住,我们可以做出很多决策,但判断力可能很差。果断性涉及决策的数量,判断力则关系到决策的质量。

未来是现在做出的决策的结果。自己的幸福将在很大程度上取决于那些决策的质量。不制定决策是一种很糟糕的选择,也是注定要失败的赌博。个人的成长在说开始的时候就开始了。从今天开始,下定决心,对你的个人生活和职业生涯承担起完全的责任。随时随地对自己的行为负责,对自己做出的决策承担百分之百的责任。如果我们做到了这一点,自己就可以上升到连自己做梦也想像不到的高度,并使自己跻身于极少数精英分子之列——精英们已经决定要在这个世界上干一番惊

天伟业!

9.学会确定奋斗的目标

为了创造自己的未来,首先要确定自己的目标。事业有成者多设定目标,一事无成的人则不然。大多数人认为,如果他们能把自己的目标记在头脑里,那就已经很不错了。但是,这种人生观是为失败者服务的。在发挥自己的潜能方面,如果我们是严肃认真的,那么把自己的目标写下来是必然的。把自己的目标形成书面文件的理由变得越来越清晰了,因为在我们把自己的思想从脑海里搬到纸面上时,就不得不深思熟虑。把自己的目标写出来,还会迫使我们更多地运用自己的感官,比如视觉和触觉。把目标写出来以后,我们可以反复阅读,让它们在潜意识里根深蒂固地留存下来。写出自己的目标可以培养自己的责任感。

如果目标对成功是如此重要,为什么那么多的人都不确立自己的目标呢?人们不确定自己的目标当然有很多理由,下面是常见的五种:

不知道如何设定目标;

还没有弄清楚自己的责任何在;

认为这简直是浪费时间;

感觉只有笨蛋、蠢货才确立目标;

惧怕成功与(或者)失败。

作为一名学校的教师要有进取心,确立自己事业上的奋斗目标,这样在工作中追求、奋斗,才有不断的进步。

10.要有从头开始、永不放弃的精神

有这样一个故事:

上帝把1、2、3、4、5、6、7、8、9、0十个数字摆出来,让面前十个人去取,说道:

"一人只能取一个。"

人们争先恐后地拥上去,把9、8、7、6、5、4、3都抢走了。

取到2和1的人,都说自己运气不好,得到很少很少。

可是,有一个人却心甘情愿地取走了0。

别人说他傻:"拿一个0有什么用?"

这个人说:"从0开始嘛!"便埋头苦干,孜孜不倦地干起来。

他获得1,有0便成为10;他获得5,有0便成了50。

他一心一意地干着,一步一步地向前。

他把零加在他获得的数字后面,便十倍十倍地增加。他终于成为最富有的、最成功的人。

我们身边这样的事例,真是不胜枚举。我们钦佩的不仅是他的勇气和意志,更赞赏他从零起步、永不放弃的精神。如果我们每天都在慨叹岁月的流逝和梦想的遥不可及,就永远都不会收获成功的喜悦。

11. 集中精力做好能够控制的事情

自我管理的第一步是集中精力做好自己能够控制的事情。浪费时间、企图去控制超出自己的权限范围的事情是没有意义的。自己的时间和精力都是很宝贵的,因而应该理智地加以使用。请看下面的两个列表:左边是我们能够控制的事情,右边是不能控制的事情。

能够控制的事情	不能控制的事情
拖延	同事提出的要求
说"是"或者"不"的能力	电话(移动电话)的铃声
喧嚣的工作场所	设备故障

组织不力	打扰
缺乏个人目标	没有经过计划安排的会议
亲自做每一件事	室外活动
不能倾听	公司的"官样文章"
责怪他人	其他人的错误
社会化	其他人的行为

自我管理的第一步是确定自己在哪个方面最浪费时间,然后制定行动计划,消除那些自己能够左右的因素。在拖延、不会适当拒绝、紊乱的工作场所等三个最花费时间的方面,大多数人似乎都遇到了麻烦。让我们一个一个地分析。

拖延是几乎每个人都会做的事情

拖延使我们不时陷入麻烦之中。拖延的意思是,故意推迟做某事,不论因为什么原因,也不管是否合情合理。到目前为止,这是最浪费时间的因素。

拖延的主要原因是恐惧——害怕失败,害怕难看,担心被他人嘲讽。我们在决定推迟的同时还要忍受这种行为引发的内疚感。

能够用来帮助我们克服办事拖拉习惯的一种方法叫作"模块法"。意思是说,把工作任务分解成较小的、更容易管理的单元。对于一天之内无法完成的某一项目来说,这种方法特别有用。比如,写这本书花了我几个月的时间,我每天都尽量安排一些时间写作。我把自己的时间分成了几个模块:有些时间用于分析研究资料,有些时间用于访谈,有些时间则是老老实实坐在计算机旁边写作。

不会拒绝——另一种时间浪费方式

很多人试图证明自己很友好,因而总是对他人的要求说"是",可这常常意味着放弃自己正在做的任何事情而去迎合他人的需要。我们为什么要承受他人因为自己不能正确地计划而转嫁给自己的危机呢?当

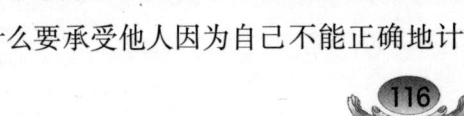

我们对他人的打扰表示首肯时，也就强化了他这种不受欢迎的行为。

一种有效的拒绝他人请求的方法是提出备选方案，这有助于减轻说"不"的负面效果。例如，如果上班时间有人问我们是否有时间，我们可以说："对不起，现在没有，我正在做会议前的准备工作。会议结束以后我给你打电话，到时我们再聊。"对方可能会因为我们的回答而有些生气，但是，这会使他人尊重我们的时间，并减少讨厌的浪费时间者。不过，事后我们与此人保持联系是很重要的。如果自己没有做到，他就会认为真的不在乎他。但是，如果做到了保持联系，那就表明我们是可以信赖的，我们对他提出的要求是很认真的。

紊乱的工作场所也会导致时间浪费

许多人在早晨最先进入办公区域时都感觉很压抑，那是因为他们的办公区域到处堆放着各种各样的杂物。当我们走进自己的办公区域时，总希望在那里会找到好的感觉。而好感觉的一部分就来自于工作场所的井井有条。

把办公桌上堆放的所有杂志拿走。或者，把自己想阅读的文章复印下来，然后归档。这样，当我们有时间时，就能够重新找出那篇文章阅读。更好的方法是，授权某个人，让他去阅读，然后简要向自己汇报。对于那些不太有价值的杂志，可以不必再订阅了。

把办公桌上的一切东西全部清理干净，但请把自己当前正在做的项目或者任务留下。我们应该把全部精力都集中在眼前的工作上。如果你能够正确地安排工作的先后次序，那么，现在正在做的这件事不管怎么说都是最重要的和最紧迫的。同时完成多项任务当然是我们需要掌握的技巧，但是，当自己正在做的重要项目截止日期快要到时，同时完成多项任务就不是一种好的选择。

假如你把上面这些最浪费时间的事情联系起来，可以通过做点什么来减少它们对自己一天工作生活的负面影响？首先，需要制定一份行动计划,看看有哪些事自己能够控制。只选择一件你认为浪费时间而又希望解决的事,把它排在一页纸的最上面,然后依次去完成。

12. 勇敢直面困难和挫折

人生是漫长的,社会是复杂的,因此,难免遭遇挫折,难免陷于悲观。在这种现实环境下,适当的准备和足够的克服困难的方法,都显得非常必要。

再困难的事,只要有适当的准备,有心寻求解决之道,必能找到办法解决。不过,如果没有足够克服困难的力量或方法,则注定要失败。

面对困难和挫折,首先要勇敢地承担,如果不肯承认失败,那就不会有什么进步,即使是最聪明的人,也不敢说自己不曾失败过。正因为有无数的失败,才能获得无数的经验,使自己有所警惕,从而得到成长。如果是因为暂时的失败就不满社会,抱怨他人,那只会使自己永远活在失败和不幸中。

正视困难,就该有以下的认识:"这是最好的体验,虽然严厉了点,却是很珍贵的教训",只有具备这种胸襟的人,才是日后进步成长的人。

所以,每个人都要有"跌倒了也不要白白爬起来"的心情,而要认真细心地从中汲取经验,不断改正自己的错误,不断地奋发向上。

面对困难,还要考虑该如何解决,当然解决困难的方式有很多,但最重要的就是认清事件的真相,冷静地去思考引起困难的真正原因。如果自己有过错、疏忽或思考不够周密的地方,就要坦白地自我反省,加以改正,如此便容易处理困难,也才会把这种体验牢记在心。

换句话说,就是要在事情一露出破绽时就察觉到。但人们常常在事情有了差错后才去草草地处理,而结果却常常不尽如人意,所以说,凡事必须有备而来,即使现实多么残酷,也不会跌入谷底而悲观气馁,相反会拥有更多的勇气与毅力。

13.有胆有识才能成功

大凡成大事者,无不慧眼辨机,他们在机会中看到风险,更在风险中逮住机遇。

敢冒风险的人才有最大的机会赢得成功。

如台风带来海啸一般,机遇常与风险并肩而来。有的人看见风险便退避三舍,再好的机遇在他眼中都失去了魅力。

我们虽然不赞成赌徒式的冒险,但任何机会都有一定的风险性,如果因为怕风险就连机会也不要了,无异于因噎废食。

美国金融大亨摩根就是一个善于在风险中投机的人。

摩根诞生于美国康乃狄格州哈特福的一个富商家庭。摩根家族160年前后从英格兰迁往美洲大陆。最初,摩根的祖父约瑟夫·摩根开了一家小小的咖啡馆,积累了一定资金后,又开了一家大旅馆,既炒股票,又参与保险业。可以说,约瑟夫·摩根是靠胆识发家的。一次,纽约发生大火,损失惨重。保险投资者惊慌失措,纷纷要求放弃自己的股份以求不再负担火灾保险费,约瑟夫横下心买下了全部股份,然后,他把投保手续费大大提高。他还清了纽约大火赔偿金,信誉倍增,尽管他增加了投保手续费,投保者还是纷至沓来。这次火灾,反使约瑟夫净赚15万美金。就是这些钱,奠定了摩根家族的基业。

此后的一百多年间,摩根家族的后代都秉承了先祖的遗传,不断地冒险,不断地投机,不断地暴敛财富,终于打造了一个实力强大的摩根帝国。

机会常常有,结伴而来的风险其实并不可怕。就看我们有没有勇气去突破风险抓住机遇,有胆有识的人才有最大的机会赢得成功。

14. 要学会为自己鼓掌

每个人都有梦想,也都希望能够得到别人的赞扬。日本有句格言:"如果给猪戴高帽,猪也会爬树。"这句话听起来似乎不雅,但说明了这样的一个道理:当一个人的才能得到他人的认可、赞扬和鼓励的时候,他就会产生一种发挥更大才能的欲望和力量。

但是,光靠别人的赞扬还不够——因为生活不光是赞扬,我们碰到更多的可能是责难、讥讽、嘲笑。这时候,学会从自我激励中激发自信心,学会自己给自己鼓掌,非常重要。

朱健参加工作后,他爱上了"小发明",一下班,常常一头钻进自己的房间,看哪、写呀、试验呀,常常连饭也忘了吃。为此,全家人都对他有看法。妈妈整天絮絮叨叨地骂他"是个油瓶倒了都不扶的懒鬼","将来连个媳妇都找不上";他大哥就更过分了,一看到他写写画画,摆弄这摆弄那就来气,甚至拍着胸脯发誓:"这辈子,你要能搞出一个发明来,我的头朝下走路……"

值得赞叹的是,朱健在这种难堪的境遇中,始终不泄气,不自卑,而且经常自我鼓励。报上每登出有关他的"革新成果",哪怕只有一个"豆腐块"、"火柴盒"那么大,他都要高兴地细细品味,然后把这些介绍精心地剪贴起来,一有空闲就翻出来自我欣赏一番。

在自己给自己的掌声中,朱健做实验搞成功的"小发明"慢慢多起来,"级别"也慢慢高起来了。几年后,他的"小发明"竟然在世界上获得了大奖。

给自己鼓掌的做法,促使了朱健的成功。

而在现实生活中,放弃自己的权利,让别人的意志来决定自己生活的人却实在不少。他们把自己上学、择业、婚姻……统统托付或交给他人,失去了自己的追求和梦想,也就失去了自由,最后变成了一个毫无价值的人。

如果我们遇事都能采用朱健的积极的思维方式,烦恼和自卑感就会消失。人的自卑感的存在和产生,并不是由于自己在能力或知识上不如人,而是由于自己不如人的心态和感觉。为什么会产生不如人的心态和感觉呢?是因为有些人常常不用自己的"尺度"来判断和评价自己,而喜欢用别人的"标准"来衡量自己。就是喜欢拿自己与他人相比较,尤其喜欢拿别人的优点和长处与自己的缺点和短处相比较。原本这些不一样的东西,是不能进行比较的,越比较,就越自卑。

15. 做一个永恒的攀登者

要想实现自己的梦想,除了有信心以外,还要有胆量,要勇敢地面对挑战,做一个生活的攀登者。

在放弃者、半途而废者和攀登者这三种人中,只有攀登者的生活是全面的。放弃者一无所有。半途而废者仅仅达到了基本的物质生活,还处于生活的基层,离全面的生活还很远。但是,攀登者就不一样了,他们对自己要去干的事情具有很深刻的目标意识,并且具有很强的热情。目标和激情无时无刻不引导着他们。他们知道如何体验快乐,并且把攀登看作是生活对他们的礼物和恩赐。攀登者知道梦想的天堂并不容易到达,但整个攀登过程却充满了神秘和诱人的力量。

攀登者明白许多不同的奖赏和收获,但他们看重的是长期收益,而不是短期收益,他们知道现在每向前跨一小步,向上攀登哪怕一点距离,在日后都会给他们带来很大的收获,这与半途而废者是完全不同的,攀登者把满足放在了将来,而不像半途而废者仅仅对现有满足,并不敢去面对未来。

攀登者常常有一种强烈的信念,即相信某些事比他们自身更强大,这些更具有力量的事物正是他们想去征服的。当他们面对那些具有压倒一切以及巨大威慑的山峰时,这种信念就会让他们充满巨大的力量,敢于向最大的危险挑战,并且这也是他们希望的事情,也正是这种信念使攀登者敢于做别人不敢做的事。

美国诺特拉·丹蒙足球队的教练劳·荷尔兹有一段精彩的传奇,他是从来都不能容忍借口和不行动的。荷尔兹在少年时很穷,也很凄惨,并且患有严重的结巴,他非常害怕在公共场所讲话,甚至到了不敢去上口语课的程度。

一天,他找到了给自己确定人生目标的力量(他学会了这种力量),他为自己确定了107个目标,其中包括:与美国总统进餐、漂流沱河、会见波普、跳伞中尽量延长张伞的时间、作诺特·丹蒙队的教练、得年度冠军和锦标赛冠军等等。今天,荷尔兹已经完成了他107项目标中的98项。他获得了声誉,他创造了自己的能力,他可以自由地用语言表达他想要表达的一切,并不断去赢得胜利。最后,他不仅战胜了对自己不利的逆境,还战胜了许多我们认为不可能战胜的东西。

这些攀登者,他们是真正的行动者,他们总是要求行动,追求行动的结果。

16. 培养执著的追求精神

区分成功人士与非成功人士的至关重要的因素就是执著,这是成功的关键所在。没有酵母就没有面包。同样的道理,没有执著就没有成功。制定计划是发挥我们全部潜能的第一步,采取行动是第二步,执著是第三步。请看下面的成功公式:

成功 = 计划 + 行动 + 执著

许多人态度端正,目标明确,但仍然缺乏雄心。成功人士能够在被击倒以后重新站立起来。是否有在失意或者失败之后迅速恢复的能力把成功者和追逐成功者区分开来。

把自己的人生设想成一个橡皮球。当橡皮球被抛到水泥地上时,它会反弹回来。但倘若抛起的是一个玻璃球,那它就破碎了。要牢记,在人生的长河中,我们都会在某些方面失败——但这正是我们学习的过程。然而,如果我们在遭到一次失败以后便自暴自弃、止步不前,那我们事实上已经彻底失败了。这时,成功的诀窍便是要反弹!孔子曾经说过:"过则勿惮改。"

下面是鞭策我们持之以恒的一些语录。

卡尔文·库利奇说:"世界上没有什么东西可以取代执著。天赋不能——有天赋的人却与成功失之交臂,这简直再平常不过了;天才不能——天才也会劳而无功,这几乎成了尽人皆知的笑柄;学历不能——世界上到处都是受过教育的流浪汉。单凭执著与果敢,你就无所不能。"

温斯顿·丘吉尔说:"从不,决不,永远不妥协。"

亚伯拉罕·林肯说:"要永远铭记在心的是,成就一番事业的决心比其他任何一件事情都更加重要。"

17. 开拓并展示自己的才华

随着社会日新月异的发展变化,才华在人的一生中起的作用越来越大,只有一份热忱的心,是远远不够的,才华能使我们脱颖而出,甚至飞黄腾达。

著名的微软公司之所以具有现在的实力和规模,重要的在于其总裁比尔·盖茨卓越的才华。比尔·盖茨在学完 Bosic 之后,就开始显示自己在计算机方面的天才。可以独立设计程序,在短短的几个月间,就赚了几百万美金。他进而学习管理知识,自己开始创办公司,在经营管理方面他也有超人的才能,很快将微软发展成为著名的跨国公司,他本人也以拥有三百多亿美元的资产,成为世界首富。微软的发展可以说是比尔·盖茨超人才华的体现。如果没有比尔·盖茨超人的才华就没有微软公司的今天。

无数的例子都证明了才华有助辉煌。没有超人的才华,是不可能功成名就的。因此,在这日新月异的科技时代,我们应该抓紧每时每刻,努力提高自己的素质能力,才有可能做出成绩,飞黄腾达。

首先,应该有精湛的专业技术知识。只有拥有精湛的专业技术知识,才有发挥自己才能的天地,否则将会一事无成。

历史上无数的例子也说明了这个问题。莱特兄弟拥有在飞机制造方面的高深技术才能使他们制造出世界上第一架飞机;肖伯纳拥有惊人的文字才能使他成为当代第一雄辩家;爱德华·波克对刊物管理的突出才能使他成为世界著名的出版大王……

其次,要有好的处理人际关系的能力,做到八面玲珑,游刃有余。人们通过交流思想感情,交流信息,孕育科学和文化,激发灵感和创意,完善人格,丰富自我。所以掌握做人的准则,学习礼节,熟悉知人的途径和方法对于立足社会和建立良好的人际有着重要意义。关于交际能力的重要性,马克思说得更加明确具体,他指出:要建立"一种合乎人的本性的关系",那么,"你就只能用爱来交换爱,只能用信任来交换信任,等等。如果你想得到艺术的享受,你本身就必须是一个有艺术修养的人。如果你感化别人,你本身就必须是一个能实际上鼓舞和推动别人前进的人"。随着社会的发展,人际关系变得更加错综复杂,这一点就显得更加重要。

总之,要奋发向上,努力学习,提高各方面的能力,勇于开拓展示才华的天地,争取早日飞黄腾达。

第六章

教师的病态心理预防

1. 怎样摆脱自卑情绪

人们常说,自卑是缺乏魅力的根源。其实,自卑也是衰老的催化剂。自卑,就是自己轻视自己,看不起自己。

自卑的人心情低沉,郁郁寡欢,常因害怕别人瞧不起自己而不愿与别人交往。只想与人疏远,甚至自疚、自责、自罪。他们做事缺乏信心,优柔寡断,毫无竞争意识,享受不到成功的喜悦和欢乐,因而感到疲劳,心灰意冷。

自卑的人,大脑皮层长期处于抑制状态,而绝少有欢乐和愉快的良性刺激转换,中枢系统处于麻木状态,体内各个器官的生理功能得不到充分的调动,无法发挥它们应有的作用;同时内分泌系统的功能也会失去常态,有害的激素分泌增多;免疫系统功能下降,抗病能力也随之下降,从而使人的生理过程发生改变,出现各种病症,如头痛、乏力、焦虑、反应迟钝、记忆力减退、食欲不振、早生白发。而且出现一些衰老的症状,如面容憔悴,皮肤多皱,牙齿松动,性功能低下。

2. 如何控制自大心理

现实生活中存在着在心理上称之为"自己显示型"或"自我扩张型"的人,他们具有常常使自己的表现超出于实际水平的倾向。通常所说虚荣心强的人,属此种类型。

自我扩张型的人是对"现实我"的认识和评价过度地评估,以至形成虚妄的判定。偶有一得一见,便以为自己十分了不起,忘掉了现实中的"我",忘掉了客观社会的要求对自己的制约,开始进行种种"美妙"的设计。

自大心理是怎样形成的呢?

与人自我意识发展的特点有关

心理学家认为,所谓"自我意识"是指人对于自己以及自己与周围事物的关系的一种认识,也是人认识自己和对待自己的统一。

自我意识包括自我观察、自我评价、自我体验、自我监督、自我教育和自我控制等内容。它是人在社会实践交往中,特别是由于语言和思维的发展,认识自身和环境而逐步地形成和发展起来的。

有些人自我意识发展的特点之一是:对认识和评价自我充满了浓厚的兴趣和急迫感,自我认识和评价的水平大为提高,但自我认识和评价的客观性与正确性尚不够,还存在一定程度的盲目性。

由于青年的独立意识、自尊心的发展,常常会导致一种不必要的自负心理。于是自吹自擂、老子天下第一等言行和心理,便在不少青年中表现出来了。他们特别喜欢寻找和评价那些自己有而他人没有的长处,同时,他们的自尊心、荣誉感也很强,总希望自己的形象在别人看来是肯定的、令人喜爱和有希望的。

与自大者的家庭背景有关

与读书年代的成绩好,踏入社会初期的顺利有关。由于这些人的父母对他们的要求百依百顺,使他们从小就成为家中的"小霸王"。事事以他为中心,因而养成了一种不懂得迁就别人及完全不能容忍挫折的性格。

有自大心理的人,需要对自己做一番全新的评价和估计,将自己从"自以为是"的陷阱中拉出来,并且重新学习与人相处。否则,在当前这种重视人际关系的社会环境中是难以立足的。

那么,怎样纠正自大心理呢?

了解他人需求

这一步是很重要的,因为自大的人通常都是以自我为中心,不懂得去迎合别人的需求。

长期坚持对他人的了解之后,自大者就会从自我世界中走出来,随之他的"自以为是"也会慢慢地消逝。

调整成就动机

心理学家认为,达到或超过优异标准的愿望,是个人认真去完成自己所认为重要或者有价值的工作,并欲达到某种理想地步的一种内在推动力量,从而成就动机推动人们在各种行业里奋发图强。人要实事求是地评价自己的能力、知识水平,定出符合自己实际能力的奋斗目标。

学习别人长处

虚心地取人之长,补己之短。诚然,谁都不可能成为无所不能、万事皆通的全才,然而,只要虚心地向别人学习,善于把别人的长处变成自己的长处,那么必定会越来越聪明,越来越进步。

3.逆反心理的控制方法

逆反心理是指人们彼此之间为了维护自尊、而对对方的要求采取相反的态度和言行的一种心理状态。

逆反心理并不是什么不可思议的东西。一般地说在以下三种情况下,容易诱发人的逆反心理:

强烈的好奇心

当某事物被禁止时,最容易引起人们的好奇心和求知欲。尤其是在只作出禁止而又不加任何解释的情况下,浓厚的神秘色彩极易引起人们的猜疑、揣度、推测,以至不顾禁令地寻根究底或小作尝试。

企图标新立异

青年处于性格形成和寻找自我的时期,通过否定权威和标新立异可以在心理上求得自我肯定的满足感。青年人与社会的认同不仅是简单地采取适应社会规范的途径,而且还希望社会承认他的价值和地位,从而获得与社会之间的认同。因此他往往表现得偏执,好表现自己,有意采取与其他人不同的态度和行为,以引起别人的注意。

特异生活经历

比如,有的人多次失恋,便认为人世间没有真正的爱情;有的人一向循规蹈矩、与世无争,而偶然一次受到了莫名其妙的冤枉,以至于性情大异,变得粗暴、多疑、怪僻。

这种在特定条件下,其言行与当事人的主观愿望相反,产生了与常态性质相反的逆向反应,是逆反心理的典型表现。一旦这种心态构成了心理定势,就会对人的性格产生极大的影响,经常性地左右他的一举一动,成为他言行举止的一个基本特征。

逆反心理是一种单值、单向、单元、固执偏激的思维习惯,它使人无法客观地、准确地认识事物的本来面目,而采取错误的方法和途径去解决所面临的问题。

逆反心理经常地、反复地呈现,就构成一种狭隘的心理定势,无论何时何地都与常理背道而驰。表现形式上与富有创造性的行为颇有类似之处,因此某些逆反倾向严重的青年也常对此津津乐道,或在心理上为自己的怪异行径寻求"科学"的根据。

然而,逆反心理在本质上与创造性的个人素质有着根本区别,它往往是孤陋寡闻、妄自尊大、偏激和头脑简单的产物。

可以通过两条途径来克服逆反心理:

广闻博见

提高文化素质、广闻博见是克服逆反心理的根本道理。一个对生活有着广博知识的人,凭直觉就能认识到逆反心理的荒谬之处,从而采用一种更科学、更宽容的思维方式。

广闻博见能使我们避免固执和偏激,而逆反心理则使我们在最终认识真理之前走了许多弯路,当我们醒悟过来往往太迟了。

避免逆反心理

想象逆反心理之所以大行其道,往往是利用了人们缺乏对多渠道解决问题的想像力。解决一个实际问题用一个办法就已足够,但在问题未解决之前却存在着几乎是无限的可能性。

如果我们的思想一旦被逆反心理控制住,那么我们的视野就会变得狭隘、短视和显得愚蠢。它使我们无法进行正确的思维和判断,让思想仅仅是在"对着干"的轨道上盲目滑行。

当我们冷静地进行分析的时候,我们就会发现,所强烈反对的意见固然并不一定就是真理,但"对着干"起码也使我们的思维同对方同样的狭隘。因此,对总是怀有逆反心理的人来说,努力培养起自己的想象力是十分必要的,它有助于我们开阔思路,从偏执的习惯中超脱出来。

宽容的思想方式和想像力是可以通过不断的思维训练来获得,它能激发出我们的创造力。逆反心理是一种近乎病态的心理状态,如果我们想有所作为,就必须经常性地进行这种自我训练。

4. 浮躁情绪的控制措施

浮躁指轻浮,做事无恒心,见异思迁,不安分守己,总想投机取巧,成天无所事事,脾气大。

浮躁是一种病态心理表现,其特点有:

心神不宁

面对急剧变化的社会,不知所为,心中无底,恐慌得很,对前途毫无信心。

焦躁不安

在情绪上表现出一种急躁心态,急功近利。在与他人的攀比之中,更显出一种焦虑不安的心情。

盲动冒险

由于焦躁不安,情绪取代理智,使得行动具有盲目性。行动之前缺乏思考,只要能赚到钱违法乱纪的事情都会去做。这种病态心理也是当前违纪犯罪事件增多的一个主观原因。

人为什么会产生浮躁的心理呢?

从社会方面上讲,主要是社会变革,对原有结构、制度的冲击太大。我国目前正处在社会转型期,一些原有体制正在解体或成为改革的对象,而新的制度又尚未建立起来。在这种情况下,个人就很难对自己的行为进行预测,很难把握自己的未来。

同时,伴随着社会转型期的社会利益与结构的大调整,有可能使一部分原来在社会中处于优势的人"每况愈下",而原来在社会中处于劣势的人反而高了起来。每个人都面临着一个在社会结构中重新定位的问题,即使是百万大款也不能保证他永远挥洒自如。那些处于社会中游状态的人更是患得患失,战战兢兢,在上流与下游两个端点间做文章。于是,心神不宁,焦躁不安,迫不及待,从而不可避免地成为一种社会心态。

从个人主观方面来看,个人间的攀比是产生浮躁心理的直接原因。"人比人,气死人"。通过攀比,对社会生存环境不适应,对自己生存状态不满意,于是过火的欲望油然而生。在拜金主义、享乐主义、投机主义所荡涤的躁动化的社会心态驱使下,不少人更多的只有一个目标:为金钱而奋斗。但奋斗又缺乏恒心与务实精神,缺乏对自己的智力与发展能力的准确定位,因而使人们显得异常脆弱、敏感、冒险,稍有"诱惑"就会盲从。

浮躁是一种冲动性、情绪性、盲动性相交织的病态社会心理,它与艰苦创业、脚踏实地、励精图治、公平竞争是相对立的。浮躁使人失去对自我的准确定位,使人随波逐流、盲目行动,对组织、国家及整个社会的正常运作极为有害,必须予以纠正。

那么怎样才能克服浮躁心理呢?

在攀比时要知己知彼

"有比较才有鉴别",比较是人获得自我认识的重要方式,然而比较要得法,即"知己知彼",知己又知彼才能知道是否具有可比性。例如,相比的两人能力、知识、技能、投入是否一样,否则就无法去比,从而得出的结论就会是虚假的。有了这一条,人的心理失衡现象就会大大减少,也就不会产生那些心神不宁、无所适从的感觉。

要有务实精神

改革需要有开拓、创新、竞争的意识,但是也要有持之以恒、任劳任怨的务实精神。务实就是"实事求是,不自以为是"的精神,是开拓的基础。没有务实精神,开拓只是花拳绣腿。

遇事善于思考

不能崇尚拜金主义、个人主义、盲从主义。考虑问题应从现实出发,不能跟着感觉走,不能做违法违纪的事。要看到命运就掌握在自己手里,道路就在脚下,看问题要站得高、看得远,做一个实在的人。

5.压抑的心理如何发泄

压抑是一种较为普遍的病态社会心理。心理学上专指个人受到挫折后,不是将变化的思想、情感释放出来,转移出去,而是将其抑制在心里,不愿承认烦恼的存在。压抑能起到暂时减轻焦虑的作用,但不是完全消失,而是变成一种潜意识,从而使人的心态和行为变得消极和古怪起来。

压抑心理源于外部环境,也有个体自身的原因。从外部环境来讲,如果个体与环境不协调,有过多的挫折感,就可能产生压抑心理。这主要表现在三个方面:

行为规范的影响

行为规范是调节、约束个体行为的行为准则。如果行为规范太多,过于严厉,或者规范与个体的接受程度差距甚远,个体极易产生压抑感。

工作学习与生活上的压力

人活于世必然要进行工作、学习、生活等实践活动。如果这种实践与人的能力相适应,个体就能取得预想的成绩,就有成就感;如果人的能力不能承担这些实践任务,或者长期超负荷地工作、学习、生活,不堪重负,个体就可能感到痛苦与压抑。

紧张的人际关系

人际关系指人与人之间的心理距离。人有合群性,希望自己能被他人接纳。亲密的人际关系能增强人的自信心,满足人的社交需求;而紧张的人际关系使人的精神与社会方面的需求不能得到满足,个人的志向处处受挫,或"怀才不遇",或遭人冷遇,自然会产生孤独无援的感觉。结果可能导致个体采取回避现实的行为。

从主观原因来看,以下情况易产生压抑心理:

个体的某些身心条件较差

如生来长得丑陋,有生理缺陷,或者才能不及人等,都可能引起他人的讥讽和嘲笑。在他人的消极评价中,个体极易产生自卑感、自我否定感。有些人可能加倍努力,化压力为动力;有些人则可能感到压抑和痛苦,变得自我封闭或自暴自弃。

某些气质与性格更可能产生压抑感

气质是人的高级神经活动类型。按心理学上的说法,人有四种典型气质即胆汁质(外向、过于兴奋)、多血质(外向、灵活)、黏液质(内向、安静)、抑郁质(内向、过于抑制)。根据气质的特点,属抑郁质的人具有敏感、多愁善感的特点,对同一事物,他们的压抑感可能要比其他气质的人更明显。

压抑心理是一种较为普遍的病态社会心理现象。它存在于社会各年龄阶段的人群中,它与个体的挫折、失意有关,继而产生自卑、沮丧、自我封闭、焦虑、孤僻等病态心理与行为。

挫折与压抑感之间互为因果,形成一个恶性循环圈。

精神压抑使人感到心理上的压力,我们要认识压抑心理的危害性,做好自我心理调适工作。

那么怎样做好心理调适呢?

要正确面对社会

要知道社会是一个由多元子系统组成的大系统。社会有光明面,也有阴暗面;世上有好人,也有坏人。看待社会不能过于理想化,要看到社会成员之间实际上存在不平等的地位、待遇上的差距。人与人不能互相攀比,不能用自己的标准去衡量社会的公平性,而应正视社会,承认差别,努力去缩小与别人的差距。

要正确看待自己

遇到挫折,应先从自己的主观方面去寻找原因。"勤能补拙",用自己的勤奋特长去弥补不足之处;坚信"人无完人",每个人都有长处短处,只要积极有为,长善救失,"天生我材必有用";要停止自我比较,不要担心不如别人,要自己接受自己,确立一种自强、自信、自立的心态。

多读些名言哲理

圣贤名人之所以成功,就是他们能从挫折中走出来。人的一生会遇到许多挫折,如何战胜挫折,到达成功的彼岸,圣贤们的思想与足迹能予以我们许多启示。

列出生活日程表

压抑会产生厌倦、懒惰的行为,越是懒于动手做事的人,越容易发生心理危机。为了与懒惰作斗争,不妨列出一个工作、学习、生活日程表,包括早练、读书、工作、交友、上街、娱乐等。不论大小事情都列入其中,并认真、专心地去做。

主动帮助别人

乐于助人,使人精神健康。心理压抑者通过志愿性的工作,如社区服务或帮助身边行动不便的老人购物,心情就会好些。只要有同情心,能够理解别人,对社会也是有价值的。

参加社交活动

许多沮丧的人放弃了他们最喜爱的业余活动,这只会让事情弄得更糟。为了扭转目前的心情,我们不妨每天做些激烈的活动,多参加社交活动,如朋友联欢会、聚餐或看电影等。

坚持锻炼身体

有许多精神压抑者通过体育锻炼,出一身汗,精神就轻松多了。科学家认为,呼吸性的锻炼,例如散步、慢跑、游泳和骑车等,可使人信心倍增,精力充沛。因为这些活动让人的肌体彻底放松,从而消除紧张和焦虑的心情。

回归自然怀抱

当我们精神压抑时,可漫步于田间地头,跋涉于山水之间,看春华秋实,听蝉鸣鸟啼,置身于大自然的怀抱。因此产生许多联想与灵感,悟出人生哲理,以调适自己的不适心态。

6.情绪低落怎么办

很容易被纷乱的社会事件所影响,而对人生感到绝望,情绪也跟着跌落谷底,这就是情绪低落症。

一般人最费力摆脱的情绪是低落。专家研究发现每个人走出低落的方式也是多种多样的。当然,低落不见得都是不好的,低落和其他情绪一样有其作用:它迫使人暂离纷扰的生活,做一些重要的深思,深思所失者代表何种意义,最后经过一番心理调适,修正新的人生方向。

严重情绪低落时,兴趣尽失,感官享乐都味同嚼蜡,心中产生一种恐怖感,因为它愈来愈像具体可触的痛楚,甚至使人怀疑自杀是否是最好的解脱。在这种情况下,生命已形同瘫痪,完全失去了生机。对患者来讲,药物与心理治疗已经失去意义,只有时间才能慢慢疗伤。

一般性情绪低落,多数人都可以自行调适,走出消沉。这时摆脱情绪低落最有效的方式是交际,去跳跳舞或者看电影,与朋友或者家人一起去。这个方法能够使人暂时忘记悲伤,效果很好。如果人一直在思索令人沮丧的事情,只会使低落的症状加重。

事实上,情绪低落何时停止与思绪沉溺的程度有很大的关系。你越对消沉的事情反复思索,消沉的情绪越是延长。

善待自己或者享受一番是常见的抗情绪低落药方,具体的方法包括泡泡热水澡、吃美食、听音乐等。送礼物给自己是个好方法,大采购或者逛逛街也很好。

对待挫折的正确态度,是拒绝接受长期低落情绪的方法。维持这种态度的最好方式则在于,充分发展自己的意志力,将挫折看成挑战和考验。这个挑战,应该被接受为一项刻意传达的讯息,必须适度修正自己的计划。看待挫折就好像看待病痛一般。显然,肉体上的病痛是大自然通知个人的一种方式,说明有些事情需加注意及矫正。病痛可能是福气,而非祸因。同理,当人遭遇挫折时所经历的情绪低落,或许会带来不舒服的感受,然而,却是有益的。因为,它是一项阻止个人继续走上歧途的讯息。

然而,情绪低落有时是如此严重,足以摧毁个人积极进取的精神。在这种情形下应该怎么办?

运用自律的原则。善于自律的人不容任何事物摧毁自信,也不改变计划。假如个人能够熟练地运用有组织的思想这一原则,他便知道意志力足以克服人生中所有的横逆。

也就是说,挫折应该被当成心理疾病的补药,用以刺激个人的意志力。每一种反面的情绪,都能被转化成建设性的力量,用来达到所希望的目标。自律使人把低落情绪改成一种推力。每经过一次这样的程度,个人的意志力就更增强一分。必须切记,潜意识会接受个人所持的"心态",而采取适当的行动。如挫折被接受为永恒的,而非看成更大行动的刺激,这种挫折将成为永远的失败。个人养成由每一个挫折中寻求好处的习惯是多么重要。这个程度是训练意志力的最好的方式,同时又能使潜意识发展成为自己有利的行动。

面对情绪低落,比较有建设性的做法是改变看待事情的角度。比如说结束一段感情总是很难过的,很容易使人孤独无依,以致情绪越来越低落。但你也可以退一步想想这段感情也不是很美好,你们的个性或许并不适合,总之,换一个角度看看自己所失去的是治疗情绪低落的良药。

另一个振奋情绪的良药是助人,有些人低沉不振的主要原因是不断想自己不快乐的事情,而同情别人的痛苦就能够达到转移注意力的目的。研究表明,帮助人是很好的方法。然而,这也是最少被采用的方法。

最后一种方式是从宗教信仰的力量中寻求慰藉,有宗教信仰的人可以借祈祷改变低落的情绪,尤其是绝望。

不管"失去的"也好,"被遗弃的"也好,反正已经失去了,这是无法改变的事实。失去的东西,内心一定会十分惋惜,甚至还会想不开。反之,若你把它想成被抛弃的东西,就表示它是废物,就能够比较轻松的来改变低落的情绪,充分享受人生的快乐。

7. 抑郁症有哪些症状

有些人因为心境的恶劣,精神变得萎靡不振,整个人颓废下去,患上了抑郁症。

轻微抑郁症的表现程度比较轻,患者的工作、学习和生活并没有表现出明显的异常,很容易被人们忽视,简单地认为只是思想问题。

而重性抑郁症严重得多,不仅伴随有躁狂发作,还可能出现妄想、幻觉等症状,重性抑郁症往往有昼重夜轻的变化。

抑郁症的主要症状为:

兴趣减退甚至消失

若一个人的生活圈子很小,兴趣狭窄,就很难判断他是否出现兴趣减退。有的人没有什么爱好,但做起事来生气勃勃的,一旦他感到没有兴趣,什么事都不想做了,可以说他患了抑郁症。有的人曾兴致盎然地热衷于某种爱好,对其他事不放在心上,一旦有一天发现自己对曾经热衷的爱好没有兴趣了,就应当警惕是否患了抑郁症。许多患者是在他热衷的事物取得成功时,忽然对它完全丧失了兴趣。

对前途悲观

抑郁症的典型症状是忽然间就失去了自信,认为事情已经无可挽回。严重时,患者对前途完全绝望了。患者中有很多是能力超群的中青年成功人士,前途是光明的,但却感到失望。

无助感

抑郁症患者有清醒的自知力,知道自己的抑郁状况,但无力摆脱消沉的心情,对自己的不幸和痛苦十分伤感。患者完全能够体会到人们的善意,看到人们在帮助他,但他始终感到不起作用。

精神疲惫

患者感到缺乏动力,也曾努力振作起来,决定安排好每天的起居作息,但无法持久。没有人们的催逼,他就什么都不想做了。

自我评价降低

患者在患病前对自己抱有很高的期望,追求的目标或者理想太高,结果从一个极端走向另一个极端,变得自我评价降低。患者的自我评价降低往往伴有自责,甚至罪恶感,也易变得怨天尤人,自卑和羞耻。

患者变得怨天尤人、自卑和羞耻。若患者原来是个自卑的人,那么现在必须明显比以前严重,才能证明他患上了抑郁症。

感到生命没有意义

抑郁症导致的最后结果是对周围世界激情的缺乏,导致对生命的无意义感。患者感到生不如死,经常出现自杀念头,甚至出现自杀行为。重性抑郁症患者在自杀前没有任何征兆,往往出现反常性的病情好转。一般抑郁症患者往往出现自杀念头,但在自杀前比较犹豫。

抑郁症往往随着时间、地点和兴趣的不同而改变,波动性很大,但大多数时间是抑郁的,往往被人们忽视。

8. 怎样消除抑郁症

患者可能伴有一些生理症状,比如头痛、背痛、四肢痛等慢性疼痛症状,但无法查出生理疾病。另外,患者可能出现植物性神经功能障碍,比如腹泻、便秘、失眠和胃痛等。

抑郁症的患者,往往对事物的认识有偏差,怀有不切实际的观念、看法等。有些抑郁症患者只要跟亲人分离,就感到末日来临,一切都没有意义了;只要别人稍微不理睬,就觉得别人不喜欢自己,心情十分压抑;或者稍微受到挫折,就认为人生没有意义。

对抑郁症患者来说,对抗抑郁的方式,就是有步骤地制定计划,直至完全康复。虽然使患者厌倦的事情并未减少,但可以计划做一些积极的活动,比如坐在花园里读书、旅游或者参加体育运动。

抑郁症患者生活得机械而枯燥,有时这好像是无法避免的。解决问题的关键,就是对厌倦进行诊断,逐渐战胜它。

抑郁个体常感到与人隔绝、孤独、闭塞,这是社会环境造成的。情绪低落是对枯燥乏味、缺乏刺激的生活的正常反应。

患有抑郁症状,可尝试与外界多接触,生活就会有所改观,因为阳光就在前面。

对待抑郁症患者,最好请教有经验的心理医生进行治疗,一般人可能因为缺乏必要的知识而好心办错事,铸成大错。对心理医生来讲,治疗抑郁症并不难,治愈后效果较好。治疗抑郁症的途径首先是心理治疗,只要改变患者的观念和态度,就能够改善症状了。

很多患者的情绪会随着季节有所变化,心理学家们称这种情形为"季节性影响失调症"。症状表现为:冬天的脚步一近,心情就十分压

抑,会随着冬季白昼缩短而感到悲观绝望。光线和温度扮演着十分重要的角色,日光能够刺激大脑放射出使人感到活力充沛的化学物质。每天晒太阳,也可以治疗。

抑郁症患者要注意：

阴天时,打开灯使光线明亮。

不要闷在屋里,多参加活动,如探访朋友、参观、娱乐、旅游等。

尝试在冬天外出避寒。

走出户外,早晨的阳光比其他时段更令人心情舒畅。

敞开门窗,让阳光和新鲜空气进入室内。

不要以暴饮暴食、酒精或药物来排解抑郁情绪。

不要独自过生日、节庆或者假日。

如果有重要决定,要到抑郁淡去后再做选择,以免后悔莫及。

若无法控制情绪,感到几乎要失控时,请心理医生诊治。

常言道："笑一笑,十年少;愁一愁,白了头。"这句话清楚地告诉人们：人的情绪好坏,对其健康和寿命有严重的影响。笑对人的身心健康有益,是门很有趣的学问。

如果患了抑郁症,你是否能够仰望一下蔚蓝的天空,注视一下那高高的云朵？在痛苦的不断折磨中,你是否有雅兴一个人徘徊徜徉于林间,聆听一下大自然的倾诉和心声？此时,你是否有不断索取生活的勇气？

9. 受挫时的自我心理调节

争取反败为胜

棋圣聂卫平并不是常胜将军。他最初和日本名将们对弈时,可以说是连战连败。但是他把因多次失败窝在心里的所有火气,全化作了一句话——"我要翻本"。这话听起来不像豪言壮语,倒像赔了生意的小贩的诅咒。但它集中体现了聂卫平的失败观：失败？没什么了不起,我要反败为胜！这是在失败受挫时的一种最积极的心理自我调节。失败而不气馁,从失败中吸取教训,找出失败的原因,鼓起勇气,迎接新的竞争。采取这种态度,失败就不再是坏事,而是好事了。孟子说:"生于忧患,死于安乐。"人只有经常地遭受挫折,遇到困难,经常处在忧患中,才能认识到生活的艰辛,才有进取的动力。如果永远一帆风顺,高枕无忧,耽于享乐之中,生活就没有生气,就失去了生命力,实际上已是"气数衰竭"了。

输了而不服输,失败了而要"翻本",这是重要的,但还不够。要反败为胜,必须以卧薪尝胆的精神,经过努力,弥补漏洞,增强实力,才能在未来重新抓住机会。

积极自我暗示

自我暗示,就是自己用内部言语或观念、想法向自己发出劝慰、指示、命令,来制止或减弱已产生的不良情绪、偏常行为等心理障碍。自我暗示时用什么样的内部言语、观念和想法是非常重要的。阿Q挨了打,本来是令人沮丧的事,但是经过他的自我暗示,他从挨打者变成了"老子",于是挨打的涵义发生了变化,使他从失败者变成了胜利者,因此免除了挨打的苦恼。有的中学生在高考落榜后这样自我暗示:"胜败乃兵家常事,一帆风顾的事是很少的。没考取不重要,重要的是我参加了竞争,我没有碌碌无为地生活。况且,逆境出人才,'塞翁失马,焉知非福',或许这次没考上,预示着我有一个更光明的前程呢!"经过这样的自我暗示,他就不会把落榜看成是丢人事,不会把周围人的评价看得过重,因而也就不会感受到巨大的心理压力。

重新确定目标

成就动机总是要达到一定的目标,而失败则总是以目标和抱负没有达到为标志。在这种情况下,不仅需要聂卫平式和阿Q式的情绪自我调节,而且还需要理智的自我调节。重新评价、解释和确定目标,就是理智自我调节的一种方式。

重新评价目标,就是要根据自己最初制订的计划和目标没有得以实现的现实,分析最初提出的目标是否过高,是否超过了自己的可能性,或是否条件不成熟、时间不够,等等。通过分析,再做出修改目标、使目标延期或放弃目标的决定,实际上就是确定新的目标。这种重新确定目标的过程,实际上是一种在个人水平上的目标管理。对目标的论证、修订、转化工作不但应发生在失败受挫之后,而且应做在失败之前,在最初制订目标的时候,就应预见到目标能否达到的可能性。

宣泄

在失败受挫之后,人们常会产生沮丧、郁闷、灰心、愤怒等不良情绪。这些不良情绪若长期积压在心中,会形成所谓情绪"固结",导致心理疾病。宣泄则是通过创造情境,使受挫者自由表达情感,力求达到解除压抑作用的精神治疗方法。通过宣泄,人会感到一种一吐为快的舒畅感,恢复正常的理智状态。例如,美国心理学家梅奥主持的一项著名的霍桑实验中,采用个别谈话方式,让工人发泄对工厂管理当局的不满和抱怨。研究人员只是洗耳恭听,详细记录。经过上万人次的谈话以后,霍桑工厂的产量大幅度上升。这是因为大多数工人自由地说出了他们对厂方的不满,而厂方根据这些意见,对福利、工作条件、工资等加以改进,工人心情舒畅,工作效率自然就会提高。

日常生活中的自我宣泄,还可采用当着亲人、好友大哭一场,向知心人倾诉衷肠,到荒郊野外大声歌唱,甚至可以把气撒在亲人身上等方法。当然,这些方法的前提是不能给自己和别人的身心造成伤害。

自我放松训练

在因失败而感到情绪压抑的时候,可采用自我放松训练来解除压力。下面介绍一种经临床实践证明有效的自我放松训练法。

用录音机录下以下指令,录的时候要读得缓慢、轻松。然后每天跟着录音机做自我训练。

仰卧,腿不交叉,手臂舒服地放在身体两侧。首先,把精神集中到脚上,想象它们是容易弯曲的、温暖的、放松的(你可以通过在进入放松阶段之前首先屈曲各个肌肉群来改变这个程序)。然后再想象你的脚踝,在心里命令它们放松,直到确实感到放松了。用同样的方法继续放松你的身体的以下部位:小腿、膝盖、大腿、臀部。放松哪一部位,意念就集中到哪一部位。接着是生殖器官和肛门区,暗示它们放松、镇静并且温暖。要让放松过程进入腹部,把腹部作为放松的重点。呼吸要正常、沉着,既不慢也不快。接着把放松过程上升到你的胸和肩,直到手臂和指尖。然后再集中到颈部,特别要注意下颌肌,不要放过舌和鼻尖这样的小部位。接着集中到前额,让它冷静,因为这是一个冷静与放松明显相关的身体部位。然后暗示头皮松弛。这样,随着沉着而宁静的放松,最后就出现了一个整个身体的意象。

你也可以选择从头到脚趾进行放松或选择你感到更舒服的其他方法。不要指望刚开始没几天就产生明显效果。应该长期坚持下去,直到自己感到有明显的效果。临床实践证明,持续采用放松方法,对于控制许多心理和生理障碍,是一种有效的矫正方法和预防措施。

大量的研究证明,长期精神压抑,肯定会对身体产生不良影响。它可能导致胃溃疡、支气管哮喘、皮肤过敏、高血压、头痛等心因性疾病。所以,在失败受挫之后,如果感到精神有压力,不可掉以轻心,而应采取各种心理自我调节方法来摆脱压力。

10. 不合群性格的弊端

合群就是与别人合得来。合群作为一种性格特征,具有既能够接受别人,同时也能被别人接受的社会适应性特点。合群的人乐于与人交往,他们不封闭自己,愿意向别人敞开自己的心理世界;同时,合群的人往往是善解人意的、热情友好的,他们在与人相处时,正面的态度(如尊敬、信任、喜悦等)多于反面的态度(如仇恨、嫉妒、怀疑等)。因此,他们能建立和谐的人际关系,有较多知心的朋友。

但是,生活中也确实常有些人过于洁身自好,或自命清高,不好交往;有些人过于自卑,缺乏积极从事交往和活动的勇气,总以为别人瞧不起自己,因而孤僻内向,离群索居。

这种不合群的性格,不仅有碍于和谐人际关系的建立,因而不适应以社交作用对事业的成功起着重要作用为特点的现代社会生活的需要,而且还会使人心理上产生缺乏安全感和归属感,形成退缩感和孤独感,从而也有碍于人的身心健康。

11. 改变不合群性格的方法

学会关心别人

如果我们期望被人关心和喜爱,首先得关心别人和喜爱别人。关心别人,帮助别人克服了困难,不仅可以赢得别人的尊重和喜爱,而且,由于自己的关心引起了别人的积极反应,也会给自己带来满足感,并增强与人交往的自信心。

除了关心别人以外,有了困难自己要学会向别人求助,因为别人帮助我们克服了困难,心理当然就会从紧张转为轻松,这不仅使我们懂得了与人交往的重要性;而且由于你诚挚的致谢,别人也会感到愉快,这就沟通了人际之间的情感交流。

学会正确评价自己

古语说:"人贵有自知之明"。在人际交往中,对自己的认识越正确,自身的行为就越自然,表现也越得体,结果也就越能获得别人肯定的评价,这种评价对于帮助自己克服自卑和自傲两种不利于合群的心理障碍是十分有利的。

此外,"知人之明"对于合群也是非常重要的。社会心理学的研究指出,人在评价别人时难免带有主观印象,结果常常因此而"失真"。比如,人们常常根据对方的一些个人资料(如籍贯、职业等)来推断此人的性格,如认为会计总是斤斤计较,小气万分。这种错误的人际知觉,当然使我们难于与人和睦相处。因此,只要你能认识到这些人际知觉中的偏见并不为之所囿,我们就能合群了。

学会一点交际技能

如果在与人交往时总是失败,则由此而引起的消极情绪当然会影响自己的合群性格。如果能多学习一点交往的艺术,自当有助于交往的成功。例如,多掌握几种文体活动技能,如跳舞、打球之类,我们会发现自己在许多场合都会成为受别人欢迎的人。

保持人格的完整性

庄子说:"水至清则无鱼,人至察则无朋。"与人相处时,当然不应苛求别人,而应当采取随和的态度,但那是有限度的。因为随和不是放弃原则,迁就亦非予取予求。如果那样,根本就不会得到别人的信任和尊敬,自然无从使自己合群了。

保持人格完整的最好办法是,在平素的接人待物中,把自己的处事原则和态度明白地表现出来,让别人知道自己是怎样一个人。这样,别人就会知道自己的作风,而不会勉为其难地要你做你不愿做的事,而自己也不会因经常需要拒绝别人的要求而影响彼此间的人际关系了。

学会和别人交换意见

合群性格的形成有赖于良好的人际关系,而良好的人际关系源于相互间的了解,人与人之间的相互了解又要靠彼此在思想上和态度上的沟通。因此,经常找机会与别人谈谈话、聊聊天,讨论某些问题,交换一些意见是十分必要的。

友情是在相互的施与爱之中生长的。孟子说得好:"爱人者恒爱之"。我们如果能主动伸出善意的手,它马上就会被无数友情的手握住。

12. 如何控制自己的急躁情绪

急躁是神经系统兴奋和冲动的表现。犯有急躁情绪者，一事当前往往不慎重地付之行动，结果事与愿违，接着陷入灰心丧气之中。另外，由于急于求成，常伴有情绪紊乱，打破了和谐与平静的心态，给身心健康造成极大的影响。

怎样控制急躁情绪呢？通常可采用下述方法：

加强计划性

办事之前首先要冷静地思索一番，大事订好书面计划，小事做到心中有谱。第一步做什么，第二步做什么都做个安排，这样工作起来就不会急三火四毛手毛脚了，慢慢就会养成稳重的习惯。

办事前做到自我暗示

办事前心中可以默念"沉着，沉着"、"冷静，冷静"。在暗示下，慢开口后动手，这样就会取得明显效果。

加强素质训练

急躁往往和个性密切联系在一起，并形成了习惯性。为了克服急躁，可以通过下棋、书画、做小手工艺品等方法、磨炼自己的耐性和柔韧的劲头，久而久之会自然地养成不急躁的好习性。

做事始终如一

急躁者做事千万不要虎头蛇尾，故在行动时，不但要有良好的开头，还要有满意的结尾。因此保持善始善终也是克服急躁的重要环节。

控制急躁也并不是一朝一夕的事，有一个过程才能收到效果。因此，控制急躁需要下决心，要有意志力才行，否则达不到良好的效果。

13. 懊丧情绪自控的一般方法

懊丧是人自觉言行不满而产生的一种不安情绪。它是一种心理上的自我指责、自我的不安全感和对未来害怕等几种心理活动的混合物。

懊丧成习的人绝不是个"马大哈",他没学到"马大哈"对人对己的办法,不会得过且过,也不能对人对己都马马虎虎,相反,处事谨慎,处处提防自己行为不要出格。一旦有了行为的失检,总是害怕大难临头。同时,懊丧的人也有很强的"良心"自监力,即使没有什么严重后果,他也决不饶恕自己。

容易懊丧的人是与世无争的好人。他们心地善良,洁身自好,习惯在处事中忍让、退缩、息事宁人,常常是生活中的弱者,生性胆小、怯懦。他们不仅对自己的言行不检"负责",甚至对别人的过错也"负责"。明明是别人瞪了自己一眼,他也会立即觉得自己肯定作了不好的事。

极端懊丧的人常用反常性的方法保护自己。越是怕出错,越是将眼睛盯在过错上。一句话会后悔半天,人家并未介意的事他也精神过敏。他对人际冲突极为恐惧,解决人际冲突的办法也很奇怪。自己的孩子被人家打了,他还跟着打自己的孩子,因为孩子给自己惹是生非。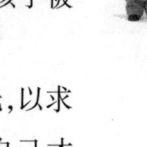

与别人发生冲突,在对方恃强要挟之下,他会当众打自己耳光,以求宽恕。同时用这种办法来平衡自己的苦闷,"因为我该打,打了自己才心安理得。"

平常的人也有懊丧情绪。表现为事情发生后的自我检查,总结不足,找出不足的原因,从而在以后的行动中作积极的调整。就这一点来说,人人都会有懊丧,它是人类进步的校正器。但极端的懊丧却是心理不健康的表现,必须进行适当调适。

不要沉湎于后悔体验

人们经常不自觉地用一种刀子来刻画自己的形象,"因为我是忠厚无能的人,所以我能忍气吞声,宁愿伤害自己也不指责对方。"这种形象一旦刻画成功,品尝"后悔"的苦酒就成为一种自我安慰的享受。习惯成自然,一事过后,不是寻求胜利的喜悦,而是寻觅不幸与失误。只有打

破这种感情体验的习惯,才能克服懊丧。

不要为他人替罪

小公务员在将军后面打了一个喷嚏,将军若怪罪他,只说明他人格的卑劣。难道他自己一辈子就不当人面打喷嚏吗?

培养洒脱、豁达的性格

开朗的人的特点是把眼光盯在未来的希望上,把烦恼抛在脑后。只要让更具有意义的事占据自己的脑际,心就会亮堂一点。

有的人害怕行为失误会给自己带来危险,其实真正危险的不是危险本身,害怕危险的心理,比危险本身还要可怕一万倍。如果我们在最担心害怕的时候,向自己大呼一声:"我豁出去了!"可能就不那么担惊受怕了。

14.如何做到失意不失志

失意的类型

自负型的人,往往自以为是,认为自己无所不能,而一旦遇到挫折就垂头丧气,失去了先前的信心和志在必得的神情。

自卑型的人,在生活中缺乏自信心,总认为自己不行,凡事总往坏处想。一旦遇到挫折,也总认为自己确实不行,并不断强化自己的自卑感。他们以幻想和冷眼旁观的态度对待人生,导致了精神不振和对生活的失望。

默从型的人,常常希望每个人都喜欢他,一旦现实与此不符,他们就感到失望。

失意的原因

在职业道路上,他们渴望取得成功,超越他人,战胜他人,获取成就和地位,而往往容易忽视自己的能力。在人与人之间美好的感情交流中,他们渴望获得真挚深沉的友情。可是,生活是复杂的,他们追求完善,追求希望,由于各种各样的原因,使他们的期望落空,陷入窘境,而产生绝望。

人应该认识到,并非所有的愿望都能实现。遗憾的是,大多数人虽然能认识到这点,但却无法忍受希望的破灭。因此,应该正确处理期望,使期望合理、灵活、留有余地,以便在期望难以实现时,有些思维准备。

(1)期望应该合理

人应该追求同自己能力大小相当的目标,否则就会异想天开,导致失意。有时候,目标虽然同自己的能力大小相符合,但因为目标的实现不仅取决于主观因素,还取决于客观条件,所以有些看来合理的期望,还得作相应的调整,以减少失意感。

(2)期望应该灵活

不要把期望凝固在一个点上,应该能够随着环境条件的变化,反馈信息的不同,而随时调整自己的期望。一旦某个期望受阻,就可以用另一个相类似的期望或全新的期望来取代,这样就有了放弃原先期望的思想准备。事实上,没有一个期望是绝对神圣、不可改变的。

(3)期望应该连续

把期望的实现看成是一个连续的过程,中间有许多小环节、"小期望",每实现一个小期望就向期望靠拢一步,一旦小期望失利,不会影响整个期望的实现,还可以继续进行。正如行为主义者所认为的,采取"高目标,小步子"的方式是非常有效的。

一旦出现了失意现象,也不要隐瞒,要正视现实,承认自己的痛苦和感伤,这对改变失意情绪大有好处。

15. 祛除悲观情绪的影响

人的心理活动,可以说没有一刻的平静,忽而兴奋、欢乐,忽而沮丧、消极。情绪乐观的人也有不幸与烦恼,但善于排遣解脱。也有的人大部分的生活被消极情绪占领,或哀叹吁嗟、灰心丧气,或牢骚满腹、怨天尤人,而不善于解脱排遣。要摆脱这种悲观情绪,需要个人进行心理的积极调适。

排遣自怨自艾情绪

别盯住消极面。我们可能对多少次受到别人的"抢白"和不公正的待遇记得很牢,或自己总是对自己说:"我真倒霉,总被人家曲解、欺负。"那自己当然没有一刻的轻松愉快。

相反,如果把注意力盯在与别人友善、和好的事物上,并常常告诉自己,误解、敌视毕竟是次要的,并把愉快、向上的事串联起来,由一件想到另一件,我们就可以逐步排遣自怨自艾或怨天尤人的情绪。

摆正自己的心态

有些人常常自我感觉良好,对失败有点可贵的"马大哈"精神。而有的人经常焦虑不安,后悔本应做得更好的事未能做好,对别人获得的每一个成就、荣誉都想无条件地取得,企求尽善尽美。最后总是既有无穷的欲望又有无穷的懊悔。

不要过于挑剔

大凡乐观的人往往是"憨厚"的人,而愁容满面的人,又总是那些不够宽容的人。他们看不惯社会上的一切,希望人世间的一切都符合自己的理想模式,这才感到顺心。

挑剔的人常给自己戴上是非分明的桂冠,其实是一种消极的干涉人格。怨恨、挑剔、干涉是心理软弱、心理"老化"的表现。遇到情绪扭不过来的时候,不妨暂时回避一下,打破静态体验,用动态活动转换情绪。如果我们能跟随欢乐的歌曲哼起来,手脚拍打起来,无疑,你的心灵会与音乐融化在纯净之中。同样,看场电影、散散步、和孩子玩玩都能把我们带到另一个情绪世界。

理智对待生活

如果出了工伤,只能靠轮椅行动,这对我们无疑是重大的打击。而残疾的身体,往往使人变得浮躁、悲观。但是,浮躁、悲观是无济于事的,倒不如冷静地承认发生的一切,放弃生活中已成为你负担的东西,终止不能取得的活动冀望,并重新设计生活。大丈夫能屈能伸,只要不是原则问题,不必过分固执。

不要制造人为的隔阂

别人在背后说自己的坏话,或者轻视、怠慢自己,想想不是滋味,故以眼还眼,以牙还牙。结果自己又多了一个人际屏障,多了一个生活的对头,那当然也使自己整日诚惶诚恐,不知他人在背后又要搞什么。

正确的方法是:净化自己的诚意,不回避对方,拿出豁达的气量,主动表示友好。这样做,使自己在针锋相对、逃避退缩、一如既往的三种态度上找到最利于个人情绪健康的方式。

保持乐观健康的情绪,关键在于信任、现实的处世宗旨,相信自己和别人都在不断改善人际能力,在这个基础上设计一条自我可以接受的幸福道路。

16. 正确对待挫折

每个人都有自己的理想和抱负,但是,在现实的社会生活中,不可能事事如愿,谁都会遇到挫折,挫折也可称为需要得不到满足时紧张的情绪状态。假若挫折过于强烈,或时间过久,超过个体的承受能力,就会引起情绪紊乱,心理失去平衡导致疾病发生。因此,在挫折面前,应当懂得运用心理疏导方法,以维持心理平衡,这是心理保健的重要措施。

心理应付的形式很多,下面介绍几种常用的方法:

升华法

是指当个人的动机和需求不能被客观接受而不能实现时便舍弃它,并同时把它导向较高层次,使之符合社会和时代要求,称之为升华。比如恋爱失败后,把全部精力转到科学研究上,就是升华的表现。

补偿法

即当个人的理想受挫时,主动选择其他能成功的途径来弥补自己的失败,起到补偿作用的方法。如身有残疾,发奋读书与创作而获得成就,便是补偿的实例。

鼓励法

即在挫折或失败面前,不气馁,鼓起勇气,继续拼搏。

认同法

当个人无法获得成功与满足时,把自己比拟成所崇拜的对象,借以得到愉快,缓解个人的痛苦和焦虑。

文饰法

又称合理化,即当个人动机冲突或失败挫折时,为维护个人自尊,为自己进行辩解与开脱,以维持心理平衡。伊索寓言中狐狸摘不到葡萄便说葡萄是酸的,不值得摘,就是文饰的例子。

韬晦法

即在对手强大无法施展自己时,便假装无所作为的样子,待时机成熟东山再起。

幽默法

幽默是一种含蓄、双关、诙谐等形式的良性刺激,能化解挫折困境与尴尬局面。

克己利他法

即净化自身言行,克服自己的欲求,在帮助他人的过程中,体验自己的价值而获得满足的方法。

修正目标法

即在挫折面前延期转化或修订原来的目标,排除心理困扰来保持身心健康。

难得糊涂法

即不钻"牛角尖",用心理安慰来维持心理不平衡的方法。

反向法

即用与自己动机方向相反的行为与做法,解除心理平衡现象。如有人过分炫耀自己,目的是摆脱严重的自卑。

幻想法

在无力实现自己的理想和不能解决问题时,把自己置于想象境界,用幻想与憧憬满足自己的方法。

投影法

即把自己不喜欢的东西转移到外部世界或他人身上。

否认法

即对不愉快的事件加以否认,以逃避心理上的刺激与痛苦,有些类似于"掩耳盗铃"。

"迷信法"

把自己的不幸统统归结为上帝或神的意志,从而达到内心疏泄。

自戕法

即用惩罚自己来换取心理平衡。有的人发怒时咬自己的手指头,或不愉快时酗酒皆属此法。这种方法属于消极色彩的心理应付。

17. 克服羞怯的心理

几乎所有的人都有过某种程度的羞涩和胆怯,不过有些人表现得特别严重。这是由个人的心理、个性、性格等因素造成的。羞涩心理会大大妨碍与他人交际,会对人产生强烈的心理压力,以至缩短寿命。但是,不管这种心理是不是天生的,我们总是有能力纠正自身不良的心理状态和性格类型。

为了克服心理上的羞怯感，建立起正常的自信心，医生和心理学家们提出了以下一些有益的建议：

有意识地多和周围的人接触

在和别人交谈中不要踌躇、畏缩，要相信自己说的话和别人说的话是同样重要的。

多想到自己的优点和长处

忘掉自己自认为可能的缺点和弱点，甚至不妨把优点列成表，每天提醒自己，以增强信心，克服自卑感。

事先想好自己想说的话，大胆地表达自己的思想，显示自己这方面的经验和技能。

多做深呼吸

如果我们在人多的场合感到羞怯、恐惧时，可以立刻做几次深呼吸，把注意力从自己身上转移开，听听他人的谈话。要牢记住，别人也与我们一样关心着自己留给周围人的印象，每个人都有不同程度的羞怯心理。

努力克服和控制羞怯心理，会带来很多好处，其中最主要的是向别人提供一个进一步了解你、关心你的机会。

无疑，在克服羞怯心理的初期，会使羞怯者不自然，甚至有难受的感觉，然而一旦成功克服羞怯心理，便会在和别人交往、或个人前程上踏上平坦的道路。

18. 驱除虚荣的心理

虚荣心就是以不恰当的虚假方式来保护自己自尊心的一种心理状态。心理学上认为，虚荣心是自尊心的过分表现，是为了取得荣誉和引起普遍注意而表现出来的一种不正常的社会情感。

在虚荣心的驱使下，往往只追求面子上的好看，不顾现实的条件，最后造成危害。在强烈的虚荣心支使下,有时会产生可怕的动机,带来非常严重的后果。因此,虚荣心是要不得的,应当把它克服掉。

虚荣心的产生与人的需要有关。人类的需要分生理需要、安全需要、归属和爱的需要、尊重的需要和自我实现的需要。其中尊重的需要包括对成就、力量、权威、名誉、地位、声望等方面。

一个人的需要应当与自己的现实情况相符合,否则就要通过不适当的手段来获得满足,在条件不具备的情况下,达到自尊心的满足就产生虚荣心。因此,有的人说虚荣心是一种歪曲了的自尊心,这是有一定道理的。

19. 自私心理的自我排除方法

自私是一种较为普遍的病态心理现象。"自私"指的是只顾自己的利益,不顾他人、集体、国家和社会的利益。常有自私自利、损人利己、损公肥私等说法。自私有程度上的不同,轻微一点是计较个人得失,有私心杂念,不讲公德;严重的则表现为为达到个人目的,侵吞公款,诬陷他人,杀人越货,铤而走险。

自私之心是万恶之源,贪婪、嫉妒、报复、吝啬、虚荣等病态社会心理从根本上讲都是自私的表现。

自私是一种近似本能的欲望,处于一个人的心灵深处。人有许多需求,如生理的需求、物质的需求、精神的需求、社会的需求等。需求是人的行为的原始推动力,人的许多行为就是为了满足需求。

但是,需求要受到社会规范、道德伦理、法律法令的制约,不顾社会历史条件的要求,一味想满足自己的各种私欲的人就是具有自私心理的人。自私之心隐藏在个人的需求结构之中,是深层次的心理活动。

正因为自私心理潜藏较深,它的存在与表现便常常不为个人所意识到。有自私行为的人并非已经意识到他在干一种自私的事,相反他在侵占别人利益时往往心安理得。也正因为如此,我们才将自私称为病态社会心理。

自私心理的病因可从客观与主观两个方面来分析。从客观方面看,由于各种复杂的原因,目前我国各项资源的数量、种类、方式在占有和配置方面都存在许多不平衡不合理之处,对资源的权力,行业、部门垄断还比较严重。于是,缺乏资源的一方不得不用非正当的方式去交换。因此,一方面以权谋私,另一方面以钱谋私,搞权钱交易、权色交易,相互交换。

从主观方面看,个人的需求若是脱离社会规范的不合理的需求,人就可能倾向于自私。自私自利的人往往是自我敏感性极高,以自我为中心,对社会对他人极度依赖与索取,而不具备社会价值取向(对他人与社会缺乏责任感)的人。

凡自私的人,都有这样的病态社会心理,即"人不为己,天诛地灭"、"宁肯我负天下人,不愿天下人负我"、"公家的事小,自己的事大"、"有权不用,过期作废"、"利人者是傻子,利己者是聪明人"、"不吃白不吃,吃了也白吃,白吃谁不吃",这些心态逐渐变成了一种流行的畸形心态。

由于社会制约机制尚不健全,某些自私自利的人确实从中捞到了某些好处,更使得自私之风盛行不衰。然而,自私导致腐败,导致极端的个人主义,导致社会丑恶现象的出现,它使得社会风气败坏,是违法违纪的根源。

自私作为一种病态社会心理,应充分发挥个人的主观能动性予以克服。自私心理的自我调适有如下方法:

内省法

这是构造心理学派主张的方法,是指通过内省,即用自我观察的陈述方法来研究自身的心理现象。自私常常是一种下意识的心理倾向,要克服自私心理,就要经常对自己的心态与行为进行自我观察。

观察时要有一定的客观标准,即社会公德与社会规范。而要反省自己的过错,就必须加强学习,更新观念,强化社会价值取向,向毫不利己、专门利人的模范学习,对照榜样与楷模找差距,并从自己自私行为的不良后果中看危害找问题,总结改正错误的方法。

多做好事

一个想要改正自私心态的人,不妨多做些利他行为。例如关心和帮助他人,给希望工程捐款,为他人排忧解难等。私心很重的人,可以从让座、借东西给他人这些小事情做起,多做好事,可在行为中纠正过去那些不正常的心态,从他人的赞许中得到乐趣,使自己的灵魂得到净化。

回避性训练

这是心理学上以操作性反射原理为基础,以负强化为手段而进行的一种训练方法。通俗地说,凡下决心改正自私心理的人,只要意识到自私的念头或行为,就可用缚在手腕上的一根橡皮弹环弹击自己,从痛觉中意识到自私是不好的,促使自己纠正。

20. 贪婪心理的控制方法

贪婪指贪得无厌,意即对与自己的力量不相称的某一过分的欲求。它是一种病态心理,与正常的欲望相比,贪婪没有满足的时候,反而是愈满足,胃口就越大。

贪婪心理的成因可从客观与主观两个方面来分析。

客观原因:中国古代就有"马无夜草不肥,人无横财不富"、"饿死胆小的,撑死胆大的"的说法,反映了不劳而获的投机心理。它宣扬的不是勤劳致富而是谋取不义之财。受这种观念的影响,社会上确有一些不务正业、靠贪污、行骗过活的不法分子。

主观原因,主要有下面几点:

错误的价值观念

认为社会是为自己而存在,天下之物皆为自己拥有。这种人存在极端的个人主义,是永远不会满足的。得陇望蜀,有了票子,想房子;有了房子,想位子;有了位子,想女子;有了女子,想儿子;即便"五子登科",也不会满足。

行为的强化作用

有贪婪之心的人,初次伸出黑手时,多有惧怕心理,一怕引起公愤,二怕被捉。一旦得手,便喜上心头,屡屡尝到甜头后,胆子就越来越大。每一次侥幸过关对他都是一种条件刺激,不断强化着那颗贪婪的心。

攀比心理

有些人原本也是清白之人,但是看到原来与自己境况差不多的同事、同学、战友、邻居、朋友、亲戚、下属、小辈甚至原来那些与自己相比各种条件差得远的人都发了财,心理就不平衡了,觉得自己活得太冤枉。由此生发一股贪婪之念,也学着伸出了贪婪的双手。

补偿心理

有些人原来家境贫寒,或者生活中有一段坎坷的经历,便觉得社会对自己不公平。一旦其地位、身份上升,就会利用手中的权力向社会索取不义之财,以补偿以往的不足。

贪婪是一种过分的欲望。贪婪者往往超越社会发展水平,践踏社会规范,疯狂地向社会及他人攫取财物,给社会带来了极大的危害。

贪婪并非遗传所致,是个人在后天社会环境中受病态文化的影响,形成自私、攫取、不满足的价值观而出现的不正常的行为表现。若欲改正,是可以自我调适的,具体方法如下:

格言自警法

古往今来,仁人贤士对贪婪之人是非常鄙视的。他们撰文作诗,鞭挞或讽刺那些向国家和人民索取财物的不义行为。想消除贪婪心理的人,应牢记那些诗文和名言格言,朝夕自警。

自我反思法

即自己在纸上连续20次用笔回答"我喜欢……"这个问题。回答时应不假思索,限时20秒钟,待全部写下后,再逐一分析哪些是合理的欲望。哪些是超出能力的过分的欲望,这样就可明确贪婪的对象与范围,最后对造成贪婪心理的原因与危害,自己作较深层的分析。分析自己贪婪的原因是有攀比、补偿、侥幸的心理呢,还是缺乏正确的人生观、价值观。分析清楚后,便下定决心:要堂堂正正做人,就得改掉贪婪的恶习。

知足常乐法

一个人对生活的期望不能过高。虽然谁都会有些需求与欲望,但这要与本人的能力及社会条件相符合。

每个人的生活有欢乐,也有失缺,不能搞攀比。

心理调适的最好办法就是做到知足常乐,"知足"便不会有非分之想,"常乐"也就能保持心理平衡了。

21. 不要过于吝啬

吝啬,俗称小气,一毛不拔,是一种不正常的心态和行为,是有能力资助或帮助他人却不肯付诸于行动。

吝啬的人都非常计较个人的得失,遇事总怕自己吃亏。他可以大慷公家之慨,对个人利益却丝毫不能让步,总是高估人家低估自己,永不知足,因而也具有贪婪之心。

吝啬的人非常看重自己的财富与利益,为了既得利益,可以六亲不认,对别人的苦楚显得冷漠无情,毫无怜悯之心,甚至落井下石。

吝啬的人很少参与社会活动,也不关心周围的事物,他们不愿帮助别人,因此很少有知心朋友,有了困难也就很难得到他人的帮助。

吝啬心理的形成,与受环境影响、人格成长不良有关系。从外界因素来看,由于种种原因,人们的收入与财富具有一定的悬殊性,贫富关系因社会竞争与变化常常发生变化。社会财富占有的不确定,使得一些人产生对现实的焦虑心理。于是,建立起一个强度很大的心理防御机制。

社会存在一些欺诈行为促使吝啬的人对他人抱有强烈的戒备心,他们对少数人的不法行为极为不满,并推及到全社会。认为人人都是欺诈之徒,不必对他人抱同情心,不要自找麻烦。

如果社会风气好,利他观念深入人心,为社会慈善事业、希望工程、灾民捐资捐款,人人都善待老人、儿童,具有同情之心,那么,社会的吝啬心理就会少得多。如果社会分配不公、尔虞我诈,人人自私自利、斤斤计较,那么出现病态的吝啬心理是必然的。

从主观方面看:吝啬是一种消极的自我防御体制。有些人将现实生活风险估计过高,对自己的能力与实力估计过低。为了应付焦虑,就建立起自我防御机制。冷漠、吝啬、无责任感就是这种机制的表现。

吝啬是个体早期人际关系的产物。吝啬的人从小很少甚至从未从父母那里得到爱与关怀,他们也就不懂得如何去爱别人。他们很少与父母有情感上的交流,因此对他人的艰难处境不会引起心理共鸣。他们看到需要资助或帮助的人,心安理得地把责任推给别人。

吝啬的人缺乏社会责任感。自私、冷漠,对社会、他人乃至亲属不负责任,或者只站在狭隘立场来看待自己的责任与义务。

吝啬作为一种自私,它破坏了人类所固有的仁爱、同情之心,破坏了美好的社会关系、伦理关系和道德关系,对一些社会成员造成精神及肉体上的伤害。因此,我们应当尽快消除吝啬心理。不妨做以下自我尝试:

领悟法

即从精神上思考、领悟吝啬的错误。人活在世上,需要金钱,但更需要亲情与友谊。小气冷漠,只会割断亲情,使自己成为孤家寡人;赡养老人、养育子女是公民应尽的义务。过去曾受到的不公正的待遇,不必萦怀心头,而要理智地看待。关心与帮助历来是相通的,每个人都有需要别人帮助的时候,今天帮人一把,日后自己有难处,也一定会得到别人的关心。

宗教法

几乎所有的宗教都提倡扬善除恶。例如佛教就告诫人们多积阴德,来世有报;恶有恶报,善有善报;多做好事,多资助有困难的人。宗教是一种信仰,具有助人的暗示作用,能消除人的吝啬心理。

22. 敌对情绪的消除方法

现代人的大多数疾病,往往会从不良的精神状况、失衡的心理中产生。美国医学家们近年研究发现,人类的许多疾病都与心理上的压抑感有关,愤怒、挫败和敌意等等心理情绪会损害心脏,造成消化道溃疡、血压升高,破坏免疫功能,并加速老化过程。

生活中,有些年轻人对别人常抱有一种敌对情绪,由此而产生愤怒,产生报复心理。

一个人的敌意来自他那阴暗灰色的心理和对别人的不信任,即使他并不明白别人在想些什么,他也会在那里怀疑别人怀着不良动机。

这种敌意是一种有害的情绪,不仅会伤害别人的善意和情感,而且对自己的身心健康极为不利。

有没有可能缓和一个人的敌对情绪,使之成为一个相信别人的人呢?

答案是肯定的。大凡善良的人均能比较正确、客观地看待、认识各种社会现象,比较冷静、稳妥地处理各类事务,使心情常常处于一种平和而又积极的态势之中。

至于如何使自己成为一个心宽气和的人,如何摒弃阴暗灰色的心理,下面几点建议,以供参考:

承认问题

让亲人和知心朋友了解自己,知道自己已经认识到我们的确存在着遇事发怒的坏脾气,并且向他们表示我们已经打算控制这种不良的情绪,要求他们的支持和帮助。

克制感情

当与人为敌的思想在自己的头脑中出现的时候,要用理智来克制自己的感情。这时千万不能发脾气,理性常常会帮助你克制住自己的怒火,使敌意、怒气渐渐消除、化解。

多想他人

遇事千万不可鲁莽,应当设身处地替别人多想一想,这样我们才能理解别人的观点和行为举止。在大多数场合,这样做了,就会发现自己的愤怒已消失得一干二净。

增加幽默

幽默能缓解矛盾,使人们之间的关系变得融洽和谐。在生活中,人与人之间难免会发生一些摩擦或误解,而一个得体的幽默,往往能使双方摆脱困窘的境地。幽默,常常使愤怒失去它的爆炸性。

以诚待人

在与人开始交往时应当不抱成见,寻找机会取得别人的信任,奉行以诚待人的办事原则。如果我们处处关心别人,常常用友爱的态度对待大家,自己就会消除怒气,因而也就不会损害健康的身体。

宽容大度

对人不要斤斤计较,不要打击报复。这样我们会感到好像从自己的

肩上卸下那沉重的愤怒包袱,帮助自己忘却那些不愉快的事。

千万不要忽视敌意、愤怒对自己的危害,从现在开始就重视它。如果一个人不重视积极地消除敌对情绪,那么他仍旧会遇事遇人处处暴跳如雷;而如果能坚持做到上面提出的几点建议,经过一段时间以后,我们就会感到自己受益匪浅。

23. 预防自杀心理的措施

自杀,是个人精神或情绪的困扰厉害到难以控制自己而彻底"精神崩溃"的表现。它一般始于心理挫折,发生于正在摆脱抑郁的心理冲突的过程中。这种意念可能是延续短短几天,也可能拖上数月,甚至几年。

有关研究表明,过去自杀者多系老年人,而现在自杀者的年龄如同犯罪年龄一样日趋年轻化。

从现实情况分析,自杀起码有如下一些心理因素:

厌世感

怀才不遇,忍辱负重,屈服于外界压力,受到不公正的待遇,又无力抗争,自感"低人一等",失去学习或生活乐趣,把自己看成"多余的人",为度日如年而自杀。

极乐感

择偶受干扰,不能爱自己所爱,或婚后婚姻不美满,或第三者涉足家庭,为与第三者共同实现"生不能成夫妻,死同穴"的"极乐世界"而自杀。

罪孽感

子时作恶多端,横行乡里,罪行累累,深知法网恢恢,罪责难逃,为了逃脱惩罚畏罪而自杀。

冲动感

在家庭父子之间、夫妻之间、兄弟之间、叔伯之间,或工作单位同志之间和社会的邻里之间,由于争吵怒气难消,尤其自感"吃亏"、"气不过",由于一时感情冲动丧失理智而自杀。

失落感

自尊心人人皆有,尤其对于一向"广播有声,报纸有名"的名人,倘若屡遭挫折,名落孙山,容易自认为"无颜见江东父老",极端的自尊心也可能驱使他自杀。

从众感

一些平日称兄道弟,讲"江湖义气"的青少年团伙,一旦为首者产生邪念,其他成员易言听计从,盲目从众而自杀。

当然,有意自杀的人通常是充满心理矛盾的,既想自杀又想生活下去。大多数考虑自杀的人在表现中难免流露出蛛丝马迹来。如有的会在自杀前的某个时候谈到自杀;或者在日常生活中一反常态,表现出厌世,饮食和睡眠毫无规律,反叛行为特别明显,情绪喜怒无常等。因此,只要做有心人,自杀是完全可以防止的。

美国心理学家布思和埃克特兰德认为,下列因素有助于确定自杀的可能性:

年龄

有意自杀的人年纪愈大,死亡的危险性也愈大。

性别

尽管企图自杀的妇女大约是男人的 3 倍,但是男人自杀身亡的数目大约是妇女的 3 倍。

自杀安排

自杀的安排愈具体,方法愈致命,危险愈大。

得到援助的来源

人们在危机中得到援助的来源愈少,自杀的危险性愈大。

1. 怎样治疗青年教师的挫折心理

青年教师有很多的幻想、希望,他们为实现这些目标,会付出努力甚至作刻意的追求。然而,结果事与愿违时,他们就产生了挫折,挫折会引发青年失望、压抑、沮丧、忧郁、苦闷等紧张心理和情绪反应,心理学上称之为挫折感或挫折心理。

形成原因

挫折感在青年发展时期表现较明显。这个时期,他们刚刚步入社会,对人生的思索、社交的障碍等容易体验到令人失意的挫折心理。

导致青年教师挫折心理的原因是复杂的、大略可划分为两类:

主客观矛盾是导致青年教师挫折心理的主要原因。主观指青年的自我需求,客观是指满足其需求的现实条件。当主观与客观发生矛盾,客观不能满足主观的要求时,青年教师就会产生挫折感。

个性不完善也是导致青年教师挫折心理的重要原因。青年虽然充满朝气,思想活跃,兴趣广泛,勇于探索,富于创造性,但个性还不够完善。如情绪不稳定,认识片面,自尊心与好胜心过强,理想浪漫,容易偏激,世界观不明晰,缺乏扎实的实践基础,耐力不强等,正是这种不完善的个性成了挫折心理的温床。

治疗

生活中挫折无处不在,逆境无时不有。在挫折面前,青年教师应该有进取的精神和百折不挠的毅力,同时要理智地对待一切。

遇到挫折时应进行冷静分析,从客观、主观、目标、环境、条件等方面找出受挫的原因,采取有效的补救措施。

要善于正确认识前进的目标,及时调整自己,要注意发挥自己的优势,并确立适合于自己的奋斗目标,全身心投入工作之中。在实施过程中,一旦发现目标不切实际,前进受阻,应该及时调整目标,以便继续前进。

要善于将压力转化为动力。适当的刺激和压力能够有效地调动机体的积极因素。

要正确对待挫折,经常保持自信和乐观的态度。挫折和教训使青年变得聪明和成熟,正是失败本身才最终造就了成功。要悦纳自己和他人他事,要能容忍挫折,学会自我宽慰,心怀坦荡、情绪乐观、发愤图强,满怀信心去争取成功。

2. 如何治疗青年教师的逆反心理

逆反心理是指人们彼此之间为了维护自尊,而对对方的要求采取相反的态度和言行的一种心理状态。

逆反心理在青年教师中都可能发生,并有多种表现。

逆反心理的深一步发展可能向犯罪心理或病态心理转化。所以必须采取有效的对策来克服和防治其发生。

要重视复杂的社会因素对青年教师心理的影响。青年的心理活动,会受到社会经济制度变革,文化、道德、法律等意识形态发展,善恶、美丑、是非、荣辱等观念更新方面影响。所以要克服逆反心理,把对他们的思想情操等各方面的培养同社会政治生活、经济文化活动以及社会道德风尚联系起来,以提高他们心理上的适应能力,使他们更好地适应社会,不致迷失方向。

青年要学会正确认识自己,努力升华自我。这里须提倡自我教育,就是要求青年要学会把自己作为教育对象,经常思考自己、主动设计自己,并自觉能动地以实际行为努力完善或造就自己。

3. 青年教师的孤独心理治疗

有些青年教师不愿投入火热的生活,总抱怨别人不理解自己,不接纳自己。常常觉得自己是茫茫大海上的一叶孤舟,性格孤僻,害怕交往,莫名其妙地封闭内心,或顾影自怜,或无病呻吟。心理学中把这种心理状态称为闭锁心理,而把因此而产生的一种感到与世隔离、孤单寂寞的情绪体验称为孤独感。

形成原因

独立意识的增长。青年处于人的生命发展过程中从不成熟走向完全成熟的过渡时期,在这个过渡期中,他们的实践范围在逐步扩大,逻辑抽象思维能力也在迅速加强,于是开始积极地用自己的内心去体验世界,但现实又让他们心生不安全感。为了走出这种困境,多数青年积极与同龄人交往,但也有少部分人站在人群外观望,或不屑于与同龄人交往,唯我独尊;或害怕增加不安全感而紧张不适,从而转向自我内心的交流。

自我意识的发展。处于青年时期的人们常会发现关于自己的许多独特的想法和憧憬,发现自己心灵中的美,也看到自己心灵中的丑。随着自尊心的增强,个人隐私的范围逐渐扩大,他们往往担心自己的某些方面会被人耻笑,于是便小心地封闭自己的内心世界。

治疗

深沉的孤独感会产生挫折感、寂寞感和狂躁感等,严重的甚至厌世轻生,所以,青年们应学会消除孤独感。具体可以从以下几个方面着手:

开放自我,真诚、坦率地把自己交给他人。要主动亲近别人,关心别人,因为交往是一个互动互酬的过程,所以别人也会对你以诚相待。

尽量缩小与同代伙伴之间的差异。既不自傲清高,做脱离集体、高高在上的"超人",也不自卑多虑,脱离同伴,做索然独居的"怪人"。从文化教养到兴趣爱好的各个方面,都应与同代人相互沟通、相互学习。

培养广泛的兴趣、爱好。为自己安排好丰富有益的业余生活,把思想感情从孤独的小圈子中脱离出来,投入到广泛的高尚的活动中去。

建立正确的友谊观、恋爱观、婚姻观。这是抗孤独、抗寂寞的重要法宝。

辩证看待孤独。应力求避免陷入孤独,但却无必要害怕孤独,对孤独要有辩证的看法。

4. 青年教师的自卑心理治疗

自卑是一种因过多地自我否定而产生的自惭形秽的情绪体验。自卑感人人都有,只有当自卑达到一定程度,影响到学习和工作的正常进行时,才归之为心理疾病。

在人际交往中,自卑心理主要表现为对自己的能力、品质等自身因素评价过低;心理承受力脆弱,经不起较强的刺激,谨小慎微、多愁善感,常产生疑忌心理。

形成原因

自卑心理的产生,主要来源于心理上的消极的自我暗示。主要表现在:

现实交往受挫,产生消极反应。青年在交往过程中常可能遇到不能克服的障碍,导致交往挫折。如,对待爱情挫折,有自卑倾向的人会难以忍受,把失败归因于自己的无能或倒霉的命运,因而灰心丧气、意志消沉。这种不良后果会产生消极的自我暗示,使得自卑心理更深入内心,并不断膨大,以致丧失交往的勇气和信心。

消极的自我暗示。由于先天或后天的原因,有些青年常因个子矮、过胖、五官不正、身体有残疾、缺陷等抑制自己天性的发挥,感到精神压力重重,常怀疑或担心自己的缺陷被人耻笑,因此离群索处,不敢主动交往或接受友谊。

对自我智力估计过低带来的消极暗示。有些青年由于学业上、工作上成绩平平,无出色表现而过低估计自己的才智水平,甚至对整个自我认识消极,认为自己"处处不如别人",于是在交往中过于拘谨,放不开手脚,担心自己成为笑料或被人算计。

对性格与气质自我评价带来的消极的自我暗示。自卑者大多对自己的性格、气质特征有些了解,但他们对于自身存在的不利于交往的性格特征,总表现出无能为力的态度,叹曰"江山易改,秉性难移"。如那些自认为性格怯懦、抑郁低沉、反应迟缓者,多不敢主动结交朋友,常常

"天马行空,独来独往"。

治疗

自卑是心理暂时失去平衡的一种心理状态,对此可以通过积极补偿的方法来加以调节,这种积极补偿方法有:

正确对待失败。青少年由于知识、经验的不足,失败时往往找不到恰当的方法排解自卑感、挫折感,结果出现恶性循环,失败导致自卑,自卑引起失败。要知道,在漫长的人生征途上,一帆风顺是不可能的,而挫折和失败倒是必然会发生的,对此持平常之心,就不会在感情上产生很大的被动了。

增强自信。凡事都要有一个必成的信念,要对自己有充分信心,对事态发展的前途抱乐观态度。要自信,自信是消除自卑、促进成功的最有效的补偿方法。平时要注意及时抓取自信心的种子,清扫自卑的瓦砾,给自信心一片湿润的土壤——因为自信心是通过一次次微小的成功来增强和得到升华的。在自信基础上,建立符合自身实际情况的"抱负水平"。

"抱负水平"是指个体将某件事做到某种程度的心理需求。"抱负水平"不宜定得太低或过高。定得太低,激不起奋斗热情,反而引起惰性;定得过高,超过自身能力,达不成则易引发"失败感"。所以,"抱负水平"必须符合自己的实际条件。

"避己之短,扬己之长"。"金无足赤,人无完人"。每个人都有自己的长处和短处,要学会对自己做出公正的全面的评价,既不沾沾自喜,又不顾影自怜。要善于发掘和发展自己的优势,并尽量发挥。

5. 怎样戒除网瘾

网络成瘾属于一种精神障碍,长时间上网会在大脑诸多神经元中制造"上网兴奋点",这些兴奋点使大脑对上网产生持续的兴奋,这种成瘾的病理与吸毒、赌博十分相似,也和吸毒、赌博一样很难戒掉。

网络成瘾一般都会有如下的表现:

强烈依赖网络

上网成为一种心理需要,支配着网瘾者的心理活动以及日常行为的一切。一旦无法上网时,就会产生烦躁、不安的情绪,处于焦躁状态。生活的重心即是上网,生活质量非常差,对工作、学习毫无兴趣。只有接触网络,才能变得生龙活虎起来。

冷酷对待亲人

网瘾者对待自己的亲人不闻不问,伪装自己的情绪,不与家人进行沟通交流,也没有朋友。相反,却愿意在网络上对着陌生的人倾吐自己的心声。因为家人限制其上网,网瘾者也很容易与家人产生冲突关系,甚至导致悲剧发生。

人际交往失常

网瘾者语言表达能力随着日益沉迷于网络而急速下降,人际交往很容易出现障碍。网瘾者往往在日常人际交往中遭受挫折转而更加地封闭自己,将自己的一腔热情都付诸网络。日复一日,形成恶性循环,生活中的正常交往都已无法完成,自信心更加消退。

网瘾的成因是多方面的,由家庭、社会、学校等各种因素同时作用从而形成的。

周围环境影响

现代社会科学技术飞速发展,网络已经走进大众的生活,网吧随处可见,拥有电脑的家庭也日益增加。网络迅速也发展的带来了不好的一面,各种良莠不齐的信息充斥着网络空间。很多青年教师就是在这样的环境中丧失了自我向上的精神,从而迷失了方向,整天沉迷于网络之中。

不良性格影响

不良性格也是引起网络成瘾的重要原因,很多网络成瘾的人大多有不良性格,类似孤独、内向、自闭等等。他们遇到困难和难以排泄的心理阴影,就会去网络上寻找安慰,寻找精神寄托。时间一长,这些人便会觉得网络是无穷的,可以解决任何问题,从而更加地沉迷网络。

意志力薄弱

网瘾者虽然也能意识到过度上网容易带来危害,天真地认为缩短上网时间就能戒掉网瘾,但往往都失败了。一旦长时间离开网络便会无法自控,网瘾与吸毒、赌博一样,是一种难以戒掉的精神依赖病症。网瘾者大多意志力比较薄弱,才会受到引诱从而陷进去。

浪费时间

网瘾者沉迷网络世界不能自拔,也掉进了网络游戏开发商的陷阱里面,不能自拔,浪费了大把大把的青春时光。

浪费金钱

目前国内网络世界都是付费使用,有的网络游戏也是要付费的,有些商家更是设置陷阱,让玩家免费去操作但到一定程度就要付费,致使这些意志力薄弱的网瘾者不得不花上大笔的金钱。金钱上的耗费造成无数家庭冲突和悲剧发生。

危害身体健康

沉迷网络世界,网瘾者就会缺乏人际交流,产生自闭。长期沉溺于网络游戏的人左前脑发育会受到伤害,更进一步影响右脑发育,使身体健康得到危害。长期电脑辐射也会给网瘾者的身体健康带来危害。整天坐于电脑前,一时一刻都不能离开电脑,吃饭都在电脑前完成,生活毫无规律。很多网吧条件设施比较落后,容易引发火灾,很多人无法逃生。据报道全国每年都会有数十家网吧遭受火灾,幸存者很少。网吧一般都在地下室,通风环境差,电脑高强度工作等等都是对上网者带来身体危害的重要因素。

对于沉迷于网络之中的人来说,戒掉网瘾是一件极其困难的事情。专家对此提出的建议是:

自我认知的重要

网瘾者自己要正确认清网络的危害与益处,既肯定网络的益处,又要正视它的弱点,从心理上端正态度。要学会正确使用网络,从而把网络的好处都发挥出来。

丰富生活内容

网瘾者多半生活空虚,要想戒掉网瘾,就要学会培养自己的特长和爱好,把自己融入到大自然中,放松心情拥抱生活,发现生活的美好之处。多与人沟通、交流,走出自我封闭的状态。

6. 怎样治疗"购物狂"症

美国哈佛大学霍华德·谢弗教授研究表明,大量的成瘾源于经历和行为,比如极端情绪化、重复的高频率体验等。这些经历和行为可能会引起神经适应,即让神经系统发生习惯性变化,从而让某种行为长期性发生。由此看来,购物成瘾也与目前世界上较为突出的饮酒成瘾、赌博成瘾、网络成瘾等行为障碍症一样,属于一种行为成瘾的心理问题。

购物成瘾容易发生在冲动型人群中,冲动类型的人通常不考虑后果就会直接采取行动。尤其在当下出现多种消费方式的情况下,信用卡等结账方式大量地代替了现金交易,这种看不到现金数额的交易过程常常在无形中刺激了冲动型人群的盲目购物欲望。

购物成瘾就是一个恶性循环的过程:人们通常会在商场进行无理智的巨额消费,事后又对此产生愧疚和罪恶感,然而为了摆脱愧疚所带来的焦虑和压抑,他们又会进入商场开始发泄性的疯狂购物。当这样的行为反复无法克制地发生时,这种购物行为就成为一种强迫性的成瘾行为。

随着社会经济的发展,人们的消费能力也随之不断上升。越是经济发达的国家,有购物成瘾症的人群就越庞大。这既是一个亟待重视的社会潜在问题,更是现代消费社会的重要心理问题。

女性似乎天生就有购物嗜好,而当这种嗜好进一步发展成为癌症时,这样的消费就会变成一种强迫性的购物行为。心理学家发现,购物行为本身能使人产生短暂的快感和陶醉,这样的感觉容易引人上瘾。

有统计显示,大部分女性在心情抑郁、焦虑、疲惫和有负罪感之时会疯狂地进行购物,因此,女性的购物欲望也不是与生俱来的,购物有助于舒缓生活中的压力与焦虑,只是当这种强迫性购物形成瘾症时,她们便控制不了自己的行为。

张女士是某科研院所业务出色的骨干人物,老所长退休以后她极有可能成为继任者。心切的张女士每天都在等待任命的消息,但是宣布任命结果时所长却是由别人来担任。张女士一下子觉得希望破灭,心情低落的她找不到情绪的宣泄口,漫无目的地来到商场,突然萌发了购物的念头,结果现金花光后,她又接着刷卡消费直到透支,接下来的日子只要心情郁闷的时候,张女士都会忍不住到商场疯狂的消费,事后在家人的责备下又深感内疚,于是心情更加的低落。

在这里应该指出的是,有进取心是追求上进的表现,这无疑是值得肯定的。但应该用平和的心态面对这样的事件。像张女士的情况,可以找知心的朋友或家人倾诉,将不良情绪适时地宣泄出来。

疯狂购物其实是一种非理性的行为,也许偶尔的一次的确可以达到缓解压力安抚失落情绪的作用,然而一旦形成恶性循环,将有可能成为瘾症。

几天前,李老师的男友突然提出两人性格不合,要求分手,并绝情地表示日后都不想再与李老师有任何联系。李老师一时无法接受这样的事实,几次要求复合都被男友拒绝。李老师几天来反复思考与男友之间的点点滴滴,觉得自己的付出非常不值。于是她拿着自己的全部存款,到商场疯狂购物,直到信用卡透支。但当她恢复理智的时候,发现一堆物品并不足以抚慰她受伤的情感,而金钱上蒙受的损失,让本来就差的心情更是低落到极点。

这样的情况在生活中非常的常见,女孩子在失恋或者心情不好的时候,通常会选择疯狂消费作为宣泄的手段。疯狂购物的人容易产生一种归属感,用金钱找回被朋友抛弃的平衡。但选择这种方式快速满足自己,一定要有理性的克制,因为购物回来后必然很快就会有失落和愧疚,一旦陷入恶性循环,就很难再找到正确解决问题的方法。

以下提供一些关于购物成瘾的具体调适方法。消费者一定要清楚地知道,唯有理性消费,才是购物狂调适的根本之道。

(1)决不在情绪不稳定的时候进行购物,因为此时的购物只是不理智的宣泄。

(2)决不在感觉悲伤的时候进行购物,因为购物也不能完全安抚你的内心世界。

(3)决不在怀旧的情绪中进行购物,无节制地沉湎于过去容易丧失判断力。

(4)决不为了追赶时髦进行购物,时髦只是一时的潮流,并且永远也追赶不上。

(5)决不把购物当成一种消遣。如果觉得时间富余,可以培养自己多一些的兴趣爱好,多进行有益于身体健康的活动,让生活更充实。

(6)尽量在购买前列一个简单的购物清单,确定需要购买的物品,避免重复购买已有的东西。

(7)尽量用现金进行结账,减少信用卡的使用次数。计划消费金额进行消费,根据消费的支出可能携带现金。

(8)尽量运用"替换政策"控制自己的购买欲望,政策很简单,就是购买一件物品就必须丢弃另一件物品。

(9)尽量在购物前问自己"真的需要吗?"理性地思考购买物品的必要性和合理性。

7.如何避免变成工作狂

工作狂即工作上瘾者,工作成瘾者对于工作达到了非常痴迷以及狂热的境界,一旦离开工作就感到痛苦,并不觉得长期工作是一种痛苦。

对他们来说上班和下班是没有任何区别的。当然努力工作是一个好教师的重要特征,但是过分地沉迷工作,忽略生活,对家庭对身体健康都是一大损害。

IT行业出身的黄先生之前做过六年多的编程技术员,习惯了全天都在工作,现在身为公司总经理,却一点也不习惯朝九晚六的上班时间。一天不加班就觉得自己工作不够努力,公司经营就要出现问题。

像黄先生这样的工作狂为数不少,很多从一般职员晋级到经理角色,心理上一下子难以适应,总觉得在工作上耗费时间越多安全感就越多。

工作狂的类型也千差万别,主要有以下几个原因形成。

真心热爱工作

有很多工作狂的确是一个热爱工作的人,他们真心地热爱自己的工作,并以此作为自己人生的乐趣,不知疲倦。

生活没有目标

这种工作狂没有自己的生活目标,或者是因为客观因素造成的无法与家人团聚,生活单调无味只能靠工作来获得乐趣。

为了逃避现实

这类人可能在生活中遭受到了挫折,为了逃避这些不堪的现实,转而把精力都投放在工作上。希望通过疯狂的工作来获得自信和快感,感情上受到伤害的人也容易将重心转投到工作上,期望通过工作的成绩来获得别人的尊敬。

自信心的建立

工作狂都渴望通过努力的工作来证明自己的才能,强烈地渴望得到别人的认可。

现在已经有不少学校提倡"工作就是娱乐",这是一种非常明智的做法,教师把工作当作乐趣,能有效地提高教师工作的积极性。有一些学校对于合格教师的评估已经把生活与工作平衡作为一个标准这是值得提倡的。另外,要避免变成工作狂,还要注意以下两点:

(1)必须调整好观点,工作是生活的一部分,并不能成为生活的全部。工作是永远不会停止的,但身体需要休息、心灵需要休息。要培养健康的工作态度,要多拿出一些时间与家人分享。

(2)生活中要努力培养自己的爱好,多方面地培养自己的兴趣,放松心情平衡生活。

不管怎样,工作时必须提醒自己要认识到工作之外还有很多有意义的事情应该去做,生活是美好的。

8. 怎样控制酗酒

酗酒包括"酒精滥用"和"酒精依赖"。一个人过度使用酒精而自己无法控制,在认知、行为、身体、社会关系上造成障碍,并且明知故犯、反复发作,这就是"酒精滥用"。如果情况进一步恶化,把饮酒看成是最重要的事情,生活中无法离开酒精而活,就形成了所谓的"酒精依赖"。

当人体血液中的酒精浓度达到 0.1% 时,容易感情冲动;达到 0.2%~0.3% 时,行为失常;长期酗酒,还会导致酒精中毒性精神病。长期饮酒会使人食欲下降,饭量减少,各种营养素缺乏,还影响叶酸的吸收。

医学家们测定酒精,饮下白酒大概 5 分钟之后,酒精就会进入血液,跟随血液在全身流动,身体的组织器官和每个系统都要受到酒精的毒害。短时间大量饮酒,容易导致酒精中毒,中毒后影响到大脑皮质的活动,神经有了一个短暂的兴奋期,人会表现得胡言乱语,行为失常,严重情况下会导致心脏休克。

酗酒容易损伤肠道,破坏胃黏膜,导致食道炎、胃溃疡等消化道系统的疾病。

酒精主要是在肝内完成代谢过程,因此对肝脏的损伤比较大,这些是酗酒容易引起脂肪肝等肝脏疾病的重大原因。医学界的研究表明,每天饮白酒达到 160 克,有 75% 的人在 15 年内会出现严重的肝脏疾病,促使胆固醇增高。酒精中的乙醇对肝脏的伤害是最严重的,容易导致酒精性脂肪肝、酒精性肝炎,甚至酒精性肝硬化。据上海环境经济研究所一项科研报告披露:近几年间,因为长期大量饮烈性白酒造成酒精中毒的患者上升28.5倍,死亡人数上升30.6倍。

大量饮酒会使心率增快,血压急剧上升,严重影响心脏的正常功能。肝癌的发病与长期酗酒有直接关系。

酗酒的女性大脑萎缩的进程要比男性快得多。酒精对精子和卵子的危害非常大,不管是父亲还是母亲酗酒都会造成胎儿的发育不良、畸形、智力低下等后果。孕妇饮酒,酒精会直接通过胎盘进入胎儿体内对胎儿造成毒害。

英国研究人员指出酗酒会损害男性生殖系统,且影响更大。它直接损害男性生殖系统内的分泌功能,诱发前列腺炎,甚至继发性功能障碍,并直接导致不育。

酗酒是一种病态或异常行为,对社会造成了很严重的危害。酗酒者自认为酗酒能够消除烦恼、减轻孤独、自卑、失败等失意心理因素。事实却常常相反,正如古人所说"借酒浇愁愁更愁"。

酒精能使人体冲动,很多交通事故、家庭悲剧和社会暴力现象都因此而发生。我国每年因酗酒肇事立案的交通事故高达400万起;全国每年大概有10万人死于车祸,而1/3以上的交通事故与酒后驾车有关。

俄罗斯科学家研究认为,酗酒的主要原因是人体的单氨基氧化酶基因受到损害。正常人在喝下一定量的酒后就会出现肢体麻木、嗜睡等酒醉状态,而酗酒者通常情况下酒量很大,不容易出现这些醉态。酒精在人体内的分解代谢主要靠两种酶:一种是乙醇脱氢酶,另一种是乙醛脱氢酶。人体内若能具备这两种酶,即使喝了一定量的酒后,也可以迅速地分解酒精,不会对大脑产生影响。一般人的身体中,都存在乙醇脱氢酶,而且数量基本上都差不多。缺少乙醛脱氢酶的人身体不能完全分解掉酒精,而是以乙醛分子继续留在体内,于是产生恶心欲吐、昏迷不适等醉酒症状。因此,乙醛脱氢酶数量不足或完全缺乏的人容易醉酒;善于饮酒的人,饮酒速度超过两种酶的分解也会发生醉酒。

美国的研究者还发现,酗酒者的大脑中都缺乏一种叫内菲酞的物质,而通过喝酒能弥补这种物质的不足,因而酗酒者看到酒后常难以控制自己。

虽然酒精属于合法饮料,但人们在饮用的时候仍要学会节制,因为酒是一种软性的毒品,容易使人产生酒依赖。

控制酗酒有以下几个方法可以借鉴:

(1)首先必须重视心理健康。

(2)不该喝的酒就不要去喝,该喝的场合也要控制一点。

(3)开始喝酒之前先吃些东西会让你喝酒的时候少喝点。

(4)放慢速度饮酒,保证一个小时内不要喝超过一杯的酒精。

(5)在酒里面加入调酒饮料来冲淡酒精的浓度。

9. 怎样戒掉烟瘾

人们吸食烟草数周以上,对尼古丁产生依赖,一旦离开尼古丁就会有头晕眼花、肠胃不适、烦躁、抑郁等症状,而只能靠再次吸食烟草才能缓解这些不适症状,即产生了烟瘾。吸烟严重危害人体健康、危害人类生存环境、降低人们的生活质量、缩短人类寿命。

人们对吸烟习惯产生依赖,主要是烟草中含有的尼古丁使人上瘾。吸烟者对尼古丁产生一定的依赖性之后,就需要抽更多的烟或者尼古丁含量更高的烟来达到相同的效果。尼古丁在人体内的半衰期大约为30分钟左右,这就经常提醒吸烟的人让自己的身体中充满了尼古丁。戒烟的人,会产生一系列症状,包括紧张、头疼、眩晕、失眠,有很多中外名人都曾烟瘾很大,对他们来说,这个恶习同样相当难改,某些文艺界的名人甚至错误地将吸烟作为获得创作灵感的一种方法。

要戒掉烟瘾,必须要以各种方法使抽烟者深刻认识烟草危害,使其产生强烈的戒烟动机,从心理上排斥、拒绝烟草。但这种要求戒烟者自我严格要求的方法戒烟成功率并不高。

临床医学证明,医生的劝诫对吸烟者的心理和行为产生重要影响。

医生讲解吸烟后果以及告知戒烟好处的劝告,在某些方面很容易增强戒烟者的信心。医生对于健康的权威诠释更容易让戒烟者产生心理上的信赖,成功率较高。

医生对吸烟者戒烟的过程就是一个心理治疗的辅导过程。针对不同吸烟者制定不同治疗方案,以及复发之后的应对方式等等都要花大量的时间。戒烟者必须慎重对待,因为戒烟成功还容易引起复发,一旦复发对戒烟的成果将是毁灭性的打击。

有很多瘾君子是很难靠单纯的心理治疗就戒除烟瘾的,还必须靠药物治疗才能奏效。药物治疗可使用尼古丁替代疗法和其他戒烟方法联合使用,还要警惕长期使用尼古丁制剂可能导致的尼古丁制剂成瘾。其他药物治疗还有可乐宁、抗抑郁药、抗焦虑药和尼古丁桔抗剂等,但效果均未确定。

戒烟是一个耗时长,而且非常复杂的过程,应当从社会、心理、生理等多角度帮助吸烟者完成戒烟,以保护身体健康。

10. 如何克服猜疑心理

猜疑心重的人整天疑心重重、喜欢无中生有,不信任别人。看到别人背着他说话,就怀疑是在讲他的坏话;家人对他的态度冷淡了一些,又开始怀疑自己是不是亲生的。

这种人成天提心吊胆地活着,心里总有解不开的疑惑,总像生活在水深火热之中,永远无法摆脱矛盾,活得非常之累。这种人又不愿意把心里的疑惑公开,也不和别人交心,整天郁郁寡欢、消沉颓废。因为自我封闭,阻碍了外界信息的输入和人间真情的互动,从怀疑别人发展到怀疑自己,从而失去信心,变得非常自卑、怯懦、消极。如此感觉事事不顺利,天天增忧愁。

猜疑心理是阻碍个人发展的大敌,只有正确地认识它、正视它的起因才能更好地摆脱它的困扰。猜疑心理的产生原因主要有以下几个方面:

错误的封闭思维

猜疑一般总是从自己假想的一个目标开始,最终又要回到假想的目标,作茧自缚,把自己封闭死。生活中猜疑心理的产生和发展,和这种封闭性思维有密切关联。

对周围的一切缺乏信任

疑神疑鬼的人,看似疑别人,实际上也是对自己没有信心。一个人越自信,越信任别人,越不会产生猜疑心理。

曾经的经历引起的不良心理

有的人曾过度信任别人,却遭受欺骗,从此"一朝被蛇咬,十年怕井绳",万念俱灰,不再相信任何人。

猜疑的人往往都是敏感过度

敏感并不一定都是缺点。有灵气的艺术家对事物都比较敏感,具有很强的创造力。不过,如果过于敏感,尤其是人际交往的时候过于敏感,就需要加以控制了。

每个人都应该看到自己的长处,树立自信心,相信自己一定会处理好周围的人际关系,相信自己会给别人留下良好的印象。有了自信心,我们就不用担心自己的行为,也不会随意怀疑别人是否在挑剔为难自己了。

现实生活中许多猜疑,一旦说开了是很可笑的,但在真相揭晓之前,由于猜疑者大脑的思维方式处于封闭状态,会认为自己的猜疑顺理成章。这个时候冷静思考是非常必要的。当发现自己开始怀疑别人时,应当立即寻找产生怀疑的原因,在没有形成思维之前,先用正反两个方面的信息来作出决策判断。

生活中遭受到别人的非议和流言蜚语,没必要大惊小怪的,是很正常的事情。生活上要"难得糊涂",不必那么斤斤计较,这样就可以避免自寻烦恼。尽量不去理别人的议论、闲言碎语。在精神上取得胜利,猜疑自然就不会产生。

误会产生是很正常的,重要的是我们要有消除误会的能力与办法,误会如果不能尽快解除,就会发展为猜疑。猜疑不能立刻消失,就可能导致不好的结果。应该敞开心扉,开诚布公地和"怀疑对象"谈一谈,搞清真相、把误会消除。

11. 教师病态怀旧心理的自我调适

病态怀旧就是对过去或古代事物的过度痴迷和追思。西班牙著名小说家塞万提斯笔下的堂吉诃德就是这样一个病态怀旧的典型。堂吉诃德明明生活在现代,却以古代武士自居,执著地在现实生活中寻找他的中世纪"骑士与贵妇"的骑士人生。结果却处处碰壁,引出将风车当假想敌的笑话。鲁迅笔下的九斤老太,不断地絮叨着一代不如一代,却看不到社会开始风起云涌。生活中这类的例子有许多,病态怀旧心理的产生有特定的社会原因,也有一定的主观因素。

有一部分人在社会结构与阶层发生重大变化以及社会资源与利益重新分配组合后,社会地位与经济利益受到冲击,极易产生失落感,但又无法改变现状,于是借助怀旧的方式来表达现实的遗憾。比如民国时前清的遗老遗少们,原有的贵族生活随着清政府的彻底瓦解被无情地解体。他们不得不开始面对一种新的生活方式。而在农村城市化进程中,人们告别了四合院、胡同、里弄,困在钢筋水泥的框架中。这一切让一部分人感到不适和恐惧。

这种不适和恐惧,使得他们产生了一种对现实生活的躲避和遁逃,怀旧就是其中一种机制。在白先勇的小说《游园惊梦》中,就有这样一个可供怀旧的公馆。背井离乡的落魄官员在这里重温他们在职时的辉煌和气派,以缓解他们现实生活中的落寞。病态怀旧起源于失落感。大多病态怀旧能把人所不想回忆的痛苦和压抑隐藏了、忘却了,又能把过去生活中美好的东西大大强化美化了,以至于人们在多次的憧憬中把回忆当现实。这就产生了外表行为上的格格不入和不合时宜。

病态怀旧的人,往往是一个时代特征忠实的拥护者。穿着早已过时的服饰、保留过去的装束风格,给孩子取旧时代的名字,甚至满口之乎者也,不合时宜,故被称为"老古董"、"怪物"。

这些人内心对现状不满,对社会有偏见,认识上极端保守,对新生的事物一概看不惯不接受,反对任何形式的变革,过分崇尚过去的经验方式等。病态的怀旧行为阻碍个体适应新兴的现实环境,很难做到与时俱进,不断进步。

病态怀旧者在家中保存大量的旧物,如照片、书籍、衣物等,交友的圈子局限在过去的友人等范围内,依恋过往的恋情、依恋过去的辉煌经历等等。伴随着现在荣誉光环的逐渐消失,心里时常失落。这样一种失落的,寻求依恋的怀旧心理在人际交往中只能有特定的交友圈,很难接触旧群体外的新朋友,个人的交际圈也大大缩小。

病态怀旧心理的调适应该遵循以下几个方面的方法。

积极快乐的生活

通过有效途径如读书、看报、看电视节目等了解和接触新生事物,以辩证的方法看问题。积极参加社会活动,在社会活动过程中不断接受新生事物。

寻找突破口

学会在过去与现实之间寻找最佳结合点。如果能在新旧事物之间找到一个突破口那么在接受新事物时恐惧和不适就会减少一些。例如可以在过去的成功经验中总结思考如何再创辉煌,可以在与旧朋友联系的同时不断发展新的朋友。

正确对待怀旧心理

怀旧心理是人类一种正常的心理状态,病态怀旧与人生的进取是相悖的,但是如果能充分发挥正常怀旧心理的积极功能,寻找宁静与心灵平和等积极成分,那么病态的、消极的心态就会减少。

12. 怎样克服嫉妒心理

嫉妒心理源于病态竞争,而嫉妒的产生又和个人的性格、文化背景、自身修养、世界观、价值观等有密切关系。

产生嫉妒心理的原因

(1)对自我的错误定位。自我封闭,容易自卑或者以自我为中心的人容易产生嫉妒心理。不能客观的认识自己,时刻要求自己比他人强,这是不可能也是没有必要的。对自我角色定位错误,自我实现受阻时就容易产生嫉妒心理。

(2)人的公平心理。"不患寡而患不均"。特定的文化背景下人们追求一种公平,当公平心理畸形发展时,嫉妒心理便产生。嫉妒心理是公平心理的一个片面的、消极的反应。

嫉妒是一种较为常见的社会心理,它的存在可以说是相当普遍的。

缓解和消除嫉妒的方法

(1)降低自我预期。降低对自己的预期目的,培养达观的人生态度,尽量不去跟别人比。

(2)修养品德。增强修养,发展宽容之心。明白能者多得,明白每个人的能力是有差异的。把别人的成就看成是对社会的贡献,而不是对自己的一种威胁,学会赞扬别人。通过赞美别人来呈现自己的广大胸襟。

(3)学会合作。与人交往,坦诚相对,将心比心,设身处地为别人着想。明白合作的好处,努力提高自己在对方心目中的地位。

(4)执著努力。培根曾说:"每一个埋头沉入自己事业的人,是没有工夫去嫉妒别人的。"

另外,嫉妒心理的彻底根除,不只是思想道德修养如何的问题,社会经济基础方面的一些原因也有一定的作用,应从主观修养的提高和社会意识环境、社会经济基础条件三个方面进行改进。

13. 怎样矫正报复心态

据调查,只有极少数的人才会具有比较强烈的报复心理,但他们采取的手段往往具有极端性,如恶意中伤、造谣诽谤、暴力,甚至身体伤害。具有一般报复心的人并不少见,大多数不会演变成公开的报复行为,仅仅是存在一定的报复心理而已。

报复心理是一种不健康的心理状态,有报复心理的人,神经长期处于亢奋状态,思想容易偏执,经常误解他人,过度保护自己,对他人持戒备和防范心理。长期发展下去,怀有报复心理的人心胸会变得越来越狭窄,社交面缩小,很难与人相处,内心的矛盾冲突使自己异常痛苦。

人随着在生活中的磨练,会逐渐认识到宽容对于这个世界的宝贵,虽然不能够提倡无原则的宽容,但是这至少说明被报复心理困扰的时候,还是应该选择宽容来解决问题,要时刻记着一句话:"伤人即是伤己。"

要学会理解他人,宽容他人。摒弃内心报复的念头,要做到以下几点:

全面看待问题

首先,学会用动机和效果统一的观点去衡量人的行为,可减少许多不满情绪的产生,从而遏止一部分报复心的形成。别人可能出于为你考虑的善良动机而做出某种行动,但由于方法不当或能力有限,却给你带来了恶果,这时你就应该谅解别人。

正视挫折

其次,正确对待他人给你带来的挫折或不愉快。在人际交往中,不可能没有利害冲突。当遭受挫折或不愉快时,不妨进行一下心理换位,将自己置身于对方的境遇之中,想想自己会怎么办。通过心理换位,也许能理解对方的许多苦衷,正确看待他人给自己带来的挫折或不愉快,从而消除报复心理。

考虑后果

再次,多考虑报复的危害性。在报复行为发生之前,不妨想想,当你从报复行为中体会到一时的解恨和给报复对象造成危害时,自己会不会得到对方更大的反报复?会不会受到社会舆论的谴责?会不会触犯刑律?须知,欲加害于他人的人,最终多半是害了自己。

加强修养

最后,加强自身修养,开阔心胸,提高自制能力。有报复心理的人一般心胸狭窄,易受情绪影响,且恶劣心境的作用强烈而漫长。要在学习中提高认识,在交往中增长见识,懂得人生是一个漫长的过程,要具有忍耐和宽容的精神,善于以自身良好的行为来感化别人。

14. 如何摆脱盲目攀比

一般来说,攀比属于正常人的心理,人总是在不断的比较中发现自己的不足而努力去争取进步的。

攀比有积极与消极之分。积极向上的攀比应该是有利于健康的有利于上进的。但是如果不根据自己的实际条件,以个人为中心,胡搅蛮缠,这种带有消极作用的攀比则是不可取的。

这种消极病态的攀比会带来不良的后果,使人产生情绪障碍,产生焦虑等心理疾病,或者使自己长期处在幻想状态,不求上进,脱离实际,最终一事无成。攀比甚至成为犯罪的起因,为了能够和别人拥有同样的奢侈品,有些人甚至误入歧途走上犯罪道路。

平时快快乐乐的小王夫妻,自从参加完昔日同班同学的婚礼后,两人的关系就陷入了僵局。婚礼很豪华,车水马龙,新娘风光无限。小王想着自己当初糊里糊涂的几桌酒席就嫁了,婚后生活也是紧巴巴的,天天柴米油盐,于是越想越委屈。而小王的丈夫在婚礼上看到人家丈夫事业有成,老婆又漂亮,心里发酸,老婆又是一副不依不饶的样子,心里更是憋得慌。两人言语不和,大吵一架,小王赌气回娘家,小王的丈夫心情郁闷借酒浇愁,结果喝得进医院了。

生活原来还是很美好的,可是,加进了攀比的消极色彩后,生活就变味了。

这样的情况,如果夫妻之间沟通好,生活仍然可以很美好。有些人因为攀比甚至送了性命,那就造成无法挽回的悲剧了。

现实生活中,人们常常有这样的疑问:"一样是……为什么他……而我却……"这样一个转折问句,表明了攀比的心理动因以及与之攀比的对象。人们总是拿某一方面比自己高的人来比,这个攀比对象一般都是攀比者身边经常接触或是联系到的人,如同事,同学甚至朋友等。越是熟悉的人,了解越深,可攀比的东西越详细。在攀比者与被攀比者之间还要有一些共同点,比如年龄经历等,而且被攀比者有明显的一方面比对方高。当发现其中的落差时,有些攀比者就选择"比上不足比下有余",寻求比自己低的攀比对象,以满足自己的心理。

现在社会有很多人热衷于一些细节上的攀比,比如是否评上先进、奖金分配是否均匀,这些个人名利范围内的东西都成为互相攀比的对象。一旦觉得比不过,就产生一些消极的反应。有利必争,成为这类人生活的原则。

还有一种人的攀比心理更为畸形,他们将攀比过程中的失衡转嫁到对他人的攻击、陷害等等上面,或挑拨离间,或阴谋设计。畸形的攀比心理使得他们对某些事物过分的期待,因而使他们不断地利用手段以求达到同样的成就。这些人已经远远背离了攀比的本意,很容易在日益膨胀的私欲中毁灭自己。

那么,在日常生活中,如何摆脱盲目攀比呢?

正视自己

首先,正确分析自己的能力,弄清自己的不足,明白自己与别人产生差距的原因,凡事量力而行,不要不顾自己的实际能力而过高要求自己。

如果是所处环境的问题,而且是暂时的,能够克服,就要努力改变环境,使之渐渐趋于公平。

调整心态

其次,要对自己的预想进行调整。正确地分析自己的能力,了解自己的弱点。这样有利于对自我的期望值进行调整,客观地看待自己的付出与回报。

积极行动

最后,积极付诸行动。积极调整自己,争取进步,尽量达到预期的目标。根据个人的情况,保持一个正常放松的心态。

15. 中年教师的心理疾病治疗

中年时期是人生的黄金时代,工作积累了丰富的经验,知识面也得到了拓展,是实现理想抱负的好时期,然而自身条件的成熟,不能忽视客观条件的影响。面对现实通过努力能实现的决不气馁,没有条件的要等待时机,这样遇到挫折也就能保持平衡的心态。

中年时期也是同龄人社会地位升迁、经济收入悬殊较大的年龄段。面对同龄人成为领导或时代骄子,应以坦然豁达的心理面对这一切;正确认识到别人的长处及有利时机,避免产生嫉妒和自卑心理。社会是纷繁复杂的,有时差距是由人为的不平等因素造成的,无需让叹天忧己的情绪困扰自己,应以踏实的工作、广泛的兴趣来充实生活,取代不良情绪。

在家庭里中年人处于老年人和孩子之间,存在年龄和时代造成的心理差,需要多交流、多了解、相互信任、相互尊重、缩短心理差距,以拥有融洽的家庭气氛。

中年人在单位是顶梁柱,工作丝毫不能松懈;回到家中既要照顾年老体弱的父母,又不能放松对孩子的教育引导;还有日复一日的繁杂家务。应统筹安排,劳逸结合,不要忽视娱乐活动。娱乐既是一种积极的休息方式,又能消除疲劳,维持良好的心境。

中年人是青年向老年的过渡时期,健康状态不比青年好。随着岁月的推移,衰老的迹象已开始出现,也易受到各种疾病的袭击,应定期体检,及时就医,对疾病应有正确的认识,无需过分担忧、恐惧。总之,中年人只有保持良好的心理状态,才能充分发挥自己的潜力,胜任社会和家庭双重角色的职责。

16. 更年期教师的心理疾病治疗

更年期标志着从壮年向老年的过渡,一般从45岁或50岁左右开始。更年期来得早晚,持续时间长短因人而异。

更年期主要的生理、心理表现是大脑功能的某些方面开始衰退,内分泌系统功能下降,分泌减少,记忆力减退,知觉迟钝,动作缓慢,特别是性器官和性功能衰退。这种变化对某些人来说是缓慢而不显露的,可以通过植物神经系统调节和补偿及相应的行为来适应。但有些人的变化较快而突然,以致植物神经系统紊乱,出现紧张、焦虑、敏感、多疑、絮叨多话、无名怒火等心理反应。

女性更年期略早于男性,症状也比男性明显。这时她们卵巢萎缩,激素缺乏,月经周期紊乱,尤其是植物神经功能失调、兴奋与抑制;血管收缩与舒张不平衡,因而往往产生阵发性全身发热,面部潮红,有的耳鸣、眼花、头痛、眩晕或出现心悸、失眠、多梦、关节疼痛等症状。不论男女,有的由于遗传素质和中年心理卫生不佳,如再有某种疾病诱发,往往反应强烈,出现更年期综合症。这时如不及时加强自我心理调节,就会一落千丈,明显衰老下去。所以对更年期心理卫生要给予足够重视。

在更年期,对个人、家庭、社会要有正确的认识及合理对待,保持乐观的情绪,健康的心理。否则悲伤、沮丧等消极情绪会削弱机体的免疫与防御机能,各种躯体疾病就会乘虚而入,不利于身心健康。家人和同事要给予亲切关照,使之妥善、平稳地度过更年期。

17. 中年教师的灰色心理预防

进入中年期的男性容易产生一种与更年期病症不完全相同的综合症。其特征是性格和心理发生突变,感到焦躁不安,郁郁寡欢,缺乏决断,而自己却否认有任何毛病。这就是"灰色"心理病。

这一特殊病症主要起因于生理和心理两个方面。在生理上,人从童年、少年、青年到壮年,一直是在成长中度过的,因而有一种"永无止境"的感觉,进入中年后,成长由缓慢变为停止,甚至出现衰退。即使身体没有毛病,通过一些小的变化,也有力不从心的感觉。在心理上,产生厌倦感。20多岁走进社会,一切都是新鲜的,做事生气勃勃,一二十年后,熟悉的工作、缺少变化的生活环境,容易使人产生枯燥、乏味的感觉。另一阴影是迟暮感,中年时期蓦然回首,人生几何,思来想去,不免惆怅。用何种方法可以转移或减轻这种心理病态呢?

暂时变换一下环境。

使生活方式多样化。

胸怀宽广、不动肝火。

善于自我解脱。

合理营养、适度锻炼。

18. 中年教师如何消除心理紧张

中年人是社会的中坚力量,是单位的组织、业务、技术骨干;是家庭的栋梁,上要照顾老人,下要抚育子女。在社会和家庭都处于承上启下的角色。他们参与的社会活动较多,为事业、家庭和子女而奔波,是最繁忙最劳碌的人群。还要在上下级、同事、姻亲、家庭等纵横交错的人际关系中角逐。他们承受的各种压力较大,工作、生活节奏也较快。诸多的社会心理因素,常常使他们处于某种紧张状态之中,有的学者称其为中年"紧张病"。如果长时间地处于紧张状态,可能直接引发身心疾病,如高血压、动脉硬化、冠心病、消化道溃疡、肝硬化、糖尿病,甚至癌症以及意外伤亡。

中年人预防"紧张病"应注意下列几点:

坚持经常的体育锻炼,如散步、打太极拳、练气功等,可增强各器官的功能,提高免疫和抗病能力。

适当参加娱乐活动,来自我放松,转换心境,减轻疲劳。

培养业余兴趣,如书法、绘画、诗词歌赋、养花、郊游、垂钓等,使自己的生活丰富多彩。

加强自身的性情修养,在家要和睦相处,在外要团结同事,多交朋友,处理好人际关系,从而减少烦恼,增加心理安全感。

劳逸结合,上班工作或外出办事,要专注认真,注意安全,提高效率,以减轻工作压力。休闲时平心静心,宽松自如,保持内心愉悦。

养成良好的生活习惯,生活要规律,戒除不良嗜好,保持充足睡眠。

讲究心理卫生,学会自我调节,加强自我心理保健,善于化解各种情绪障碍或内心矛盾,减轻心理压力。性格开朗,宽容大度,不嫉妒、不赌气、不斗气、不暴怒、少思虑、勿悲愁、勿狂喜,防止情绪大起大落,维持心理功能平衡。

一旦发现自己精神倦怠,四肢乏力,头晕目眩,耳鸣眼花,食欲不振,心烦意乱,办事效率降低,失眠多梦,神不守舍等,应去心理咨询或到医院检查治疗。

19. 中年教师怎样平息心理危机

中年心理危机其实就是指人到中年时,需要面对这一人生阶段特有的问题、变化和挑战。而这些挑战是人到中年必经的阶段与考验,人人都不例外。如果能顺利度过,人生就会进入新的里程;如果不能顺利度过,人生就会受阻,产生混乱感、无能感、焦虑感、失落感,妨碍人的发展,影响人的健康,失去人生的意义。人到中年其实是人生又一新起点。关键在于怎样面对中年危机,如何去调适、应对,从而走出危机,开创生机。

首先，要了解和认识中年人将面对哪些变化，这些变化将会引起什么心理反应，对人生产生什么影响，以便心中有数，早做准备。

其次，接受生理的变化，关注自身健康，增加体育锻炼时间，有意识调整身体，改善饮食，培养健康的生活方式。

再次，学会处理工作的压力。人到中年事业稳定，但一般所负责任也大，常常超时工作，透支体力。如果目标明确、沟通良好、劳逸结合，可以缓解压力。

还有，重视婚姻关系。夫妻间多体谅，满足彼此的需要，分担彼此的重担。子女长大少了牵挂，多余的时间去培养新的兴趣，发展自己，享受人生乐趣，增进婚姻满足感。

最后，做自己喜欢做的事。人到中年时事业、家庭趋于稳定，生活变得平淡，有时易产生倦怠感，缺乏新意。多一些时间反省自己，调适生活，学会拿得起，放得下，做自己喜欢做的事，大胆去进行新的尝试，心态上永远保持年轻。

20. 中年教师解除心理疲劳的方法

所谓"心理疲劳"，就是在长期思考或者在和别人激烈争吵后，陷入"心力衰竭"的状态。心理疲劳的一般表现是当我们长时间从事力不从心的脑力劳动后，会感到精神不支，劳动效率显著下降。尽管造成心理疲劳的原因很多，但最大的原因还是心理因素，例如：烦躁、焦虑、过重的心理压力等。

疲劳既是生理现象又是心理现象，主要是看什么原因引起的，要加以区别。这里有一个简便的方法，如果在连续工作一段时间或长时间思考后，感到很疲劳了，那么不妨想一下，我们对工作是不想干了还是干不了，如果是前者，那属于心理疲劳。一般来说，疲劳在生理上的反映往往不易测定。

心理疲劳是身心疾病的警告信号，如果不加以重视，要硬闯过去，疲劳感觉就会进一步加重,就有可能引起各种身心疾病。这是因为疲劳与人体消耗有关,主要和大脑皮层的内抑制有关。当刺激量超过大脑所能承受的程度时,就会一起具有保护意义的超限抑制,这时,人就会表现为疲劳。

要想消除心理疲劳,首先要对所从事的职业产生兴趣。如果工作本身枯燥无味,就要想办法努力培养自己的兴趣。

其次要明确目的。无论从事什么活动,一定要确立行动目标,这样才能不断地激励自己,以取得预期的成功。

要注意劳逸结合,强调用脑卫生,工作、学习要安排合理,生活要有规律,注意休息,努力排除外界的不良影响,并要加强体育锻炼,增强体质。

最后一点就是要和周围的同事、同学处好关系。只有生活在融洽的气氛中,才能有愉快的心境,开朗的性格,健康的身体。

21. 中年期神经症的治疗

更年期的疾病,多有明显的精神因素,如长期精神紧张或精神创伤。临床表现除失眠、头昏、头痛、注意力不集中、记忆力下降等神经衰弱症状外,还突出表现在情绪不稳、激怒、烦躁、焦虑,同时伴有心悸、潮热、多汗等植物神经症状。有这些症状的中年人时时处处总表现出紧迫感,对个人和家人的安危、健康格外关切,注意自己躯体的微小变化,担心会得什么严重疾病,常因躯体不适而四处求医,这类患者事无巨细都得操心。尽管如此,这些症状对日常生活或工作并无明显影响,即使持续很久,自知力仍然良好。

女性特有的精神疾病主要是由于女性在月经周期、分娩后、更年期,体内出现内分泌改变,引起一系列生理、心理方面的剧烈变化,从而导致程度不同的精神障碍。

月经周期精神病约有 40% 的女性每当月经来潮,即出现乳房肿胀、头晕目眩、腰酸背痛、疲惫无力或心情暴躁等不舒适的表现,这都是正常的心理和生理反应。

但是,有一些女性每当月经来潮的前后,精神状态就出现明显异常。有的可表现为情绪高涨,稍有不顺心就大动干戈,甚至犯罪;有的有失检点,秽语连篇;也有的则情绪消沉,对前途悲观失望。此外,有的人会变得喜怒无常,言语杂乱无章,同时常伴有种种幻觉,仿佛看到一些可怕的情景,听到骂声、命令声等,并且疑神疑鬼,怀疑别人在陷害和诽谤自己。

这种病的症状是随月经来潮而发生,又随月经退潮而敛迹,每月一次,循环往复。

该病的治疗方法很多,有的可做内分泌治疗,如人工调节月经周期,口服避孕药等。在发病期间,病人出现严重精神紊乱时,则应送病人到精神病专科医院诊治。

产后精神病,本病多见于初产的妇女。病因多由产后失血过多,身体虚弱,机体免疫力下降,分娩时精神过度紧张,感冒发热或遭到不良精神刺激所致。

产后精神病的症状大多表现为乐极生悲,一反常态。病人不是视婴儿为掌上明珠,精心照料,就是对婴儿束手无策,呆若木鸡。有的患者不思饮食,不知梳洗;有的胡言乱语,吵闹不休;有的则情绪低落,愁眉苦脸,甚至自责自罪,严重的还会发生扼杀婴儿等凶残行为。

产后精神病起病急,要以预防为主,认真做好产前宣传教育工作,使孕妇对分娩及产后的卫生知识有所了解,减少分娩时紧张的心理。医务人员助产时注意严格的消毒和无菌操作,以防止孕妇产后感染,一旦发生感染应及时处理,这样可使发病率大大下降。

更年期精神疾病,该病发病年龄在 45～55 岁左右,也就是绝经期间或其前后。

更年期精神疾病除用药物治疗外,更重要的是给予精神治疗。通过向病人讲明疾病的性质,消除他们对疾病的疑虑,增强治疗信心,并正确对待和处理客观环境中的矛盾和困难,培养健全的人格,保持良好的情绪,这样,就可以避免出现一些精神病症状。

22. 更年期忧郁症的治疗

更年期忧郁症是指初次发病在更年期,早期多有神经症表现,逐渐发展成情绪抑郁、焦虑紧张、疑病和猜疑为主要症状、并伴有植物神经功能紊乱和内分泌功能障碍的一种心理疾病。患者神情紧张、焦虑,心绪低沉,全身不适,早醒,整日惶恐不安,有大祸临头之感。经常长吁短叹,自责自罪,拒食。若出现疑病妄想,又会认为自己无可救药。即使如此,病人对自己和家人依然关切,常表现出愁眉苦脸、坐卧不安、搓手顿足、流泪哭泣等。

一些植物神经症状如心悸、潮热或发冷、出汗、肢端胀麻、头晕等亦很常见。严重时可出现自杀企图或行为。一般认为,更年期男性是在50~60岁左右,女性是在45~55岁左右,以女性为多见。

特征

本病往往是在某些精神因素的诱发下发病。患者病前具有敏感、多疑、胆小的性格特点。

本病的早期特征是:

生理异常,表现为头痛、头晕、心悸、胸痛、失眠、多汗、面部阵阵潮红、四肢麻木、食欲减退、胃肠功能紊乱、便秘、月经紊乱和性功能减退。

心理异常,表现为敏感、多疑、烦躁、易怒、情绪不稳定、注意力不集中等。

随着病程的延长,病情逐渐加重。表现为情绪忧郁、坐立不宁、搓手顿足、惶惶不安、有大祸临头感。对细微小事过于计较,对自身变化过于敏感,可出现消极厌世和自伤行为。

诊断

每个人因为外在的环境事件或内在的主观经验,都会有郁闷低落的情绪,一般人的这类负面情绪在数日之内多会有所改善,如果郁闷低落的情绪持续两周以上未获改善,或者对日常生活中的各种活动嗜好或交朋友都失去了兴趣,并且出现下列忧郁症的征兆四项以上,就该寻找专业医师诊断评估。

(1)暴饮暴食或没有食欲,使得一个月内体重改变5%以上。

(2)每天都嗜睡或失眠。

(3)行为变得躁动不安或呆滞迟缓。

(4)每天都觉得疲倦、虚弱无力、没有精神。

(5)过多的罪恶感,觉得自己是无用、没有价值的人。

(6)注意力不集中、记忆力减退、判断力变差、无法下决定。

(7)产生自杀念头。

治疗

心理治疗。支持性心理治疗对疾病的好转与康复十分重要。首先要让患者了解疾病的性质,使患者认识到更年期是一个人从成熟到衰老的转折时期,是自然规律。既然经查未发现异常,就应认识自己的各种感受不过是自身正常生理变化过程的加剧,从而解除患者不必要的思想负担,树立战胜疾病的信心。其次要引导患者倾诉内心的苦闷,帮其分析自己的认识和现实之间的差距,对于个人的生活事件要冷静分析,切勿感情用事。注意劳逸结合,加强文体活动,学会自我放松。经常参加必要的社会活动,使生活丰富、充实。

药物治疗。主要使用抗抑郁剂,用量不宜过大。一般情况下,可使用多环类抗抑郁剂,如多虑平、阿米替林、麦普替林。伴有强迫症者,可使用氯丙咪嗪。新药百忧解是世界广泛应用的抗抑郁药。

此外,可使用佳静安定、舒乐安定减轻焦虑,使用谷维素调节植物神经功能。内分泌紊乱明显者,可服用尼尔雌醇。